Der große Familien-Bastelspaß

christophorus

Inhalt

Vorwort

Kunterbunter Bastelspaß

In der Familie gemeinsam zu basteln, macht viel Spaß, stärkt das Zusammengehörigkeitsgefühl und bietet Kindern tolle Erfolgserlebnisse. In diesem Buch stellen wir Ihnen viele Ideen für gemeinsame Bastelstunden vor. Dabei sind die meisten Bastelarbeiten mit möglichst einfachen, vielseitigen und preisgünstigen Materialien hergestellt, die oft schon im Haushalt vorhanden sind: Papier, Tonkarton, Farben, Modelliermasse, Stoff- und Wollreste, kleine Bretter sowie getrocknete Fundstücke aus der Natur.

Beim Basteln lernen die Kinder ganz spielerisch viele Grundtechniken kennen: Papier falten, schneiden, kleben, Wollpompons wickeln, stricken mit der Strickliesel, filzen oder Ton kneten. Dabei wird nicht nur die Feinmotorik, der Tastsinn und die Konzentration gefördert, sondern auch die Fähigkeit, selbstständig Aufgaben zu lösen. Es kommt jedoch nicht darauf an, dass alles genau der Abbildung entspricht, sondern dass die Kinder ihrer Fantasie freien Lauf lassen, mit Farben, Formen und Materialien experimentieren und so ihre eigenen kleinen Kunstwerke gestalten. Darauf können dann alle in der Familie stolz sein!

Viel Spaß beim Basteln wünschen Ihnen und Ihren Kindern

Ihre Autorinnen

Basteln mit Papier

Bastelpapiere gibt es in verschiedenen Stärken, Formaten und Farben im Hobbyfachhandel oder im Schreibwarengeschäft. Das Gewicht gibt an, wie viel Gramm ein Quadratmeter (1 x 1 m) einer Papiersorte wiegt. Man kann daran ablesen, wie stabil diese Papiersorte ist. Die folgenden Bezeichnungen können bei den einzelnen Papierherstellern leicht unterschiedlich sein.

Fotokarton

Fotokarton ist mit 300 g/qm ein stabiler Karton, der in vielen Farben, mit Regenbogenverlauf oder mit Motiven bedruckt erhältlich ist. Er eignet sich besonders für größere und tragende Teile.

Tonkarton

* Ton- oder Universalkarton (220 g/qm) ist etwas dünner als Fotokarton. Tonkarton gibt es unifarben oder gemustert. Tonkarton mit Aquarellprägung hat auf einer Seite eine fein strukturierte Oberfläche, während die andere Seite glatt ist.

* Duo-Tonkarton ist beidseitig unterschiedlich bedruckt, zum Beispiel eine Seite in Gelb, die andere in Rot.

* Regenbogen-Tonkarton mit Farbverlauf (170 bis 180 g/qm) ist leichter als der übliche Tonkarton.

Ton- oder Tonzeichenpapier

Tonpapier (130 g/qm) ist dünner als Fotokarton und Tonkarton und eignet sich für Details und Faltarbeiten. Tonpapier gibt es unifarben oder gemustert.

Bastel-Wellpappe

Bastel-Wellpappe hat eine glatte Seite und eine mit gewellter Oberfläche. Beide Seiten sind farbig bedruckt. Wellpappe gibt es in vielen Farben, auch mit Regenbogenverlauf.

Seidenpapier

Seidenpapier ist ein sehr feines Papier, transparent und doch intensiv in der Farbe.

Regenbogen-Buntpapier

Die Farbverläufe wirken beim Regenbogen-Buntpapier (115 g/qm) durch seine glänzende Oberfläche besonders intensiv.

Transparentpapier

Es gibt dünnes, durchgefärbtes Transparentpapier (42 g/qm) und extra starkes Transparentpapier (130 g/qm), das einseitig unifarben oder mit Mustern bedruckt ist. Beide eignen sich besonders für Laternen und Fensterbilder.

Naturpapiere

Naturpapiere wie die aus Maulbeerbaumrinde hergestellte Strohseide oder das handgeschöpfte Moonrockpapier haben eine strukturierte Oberfläche.

Velourspapier

Velourspapier hat eine beflockte, gefärbte Vorderseite, die Rückseite besteht aus weißem Papier.

Vorlagen übertragen

Die Umrisse des ausgewählten Motivs auf Transparentpapier pausen, die Zeichnung mit einem Klebestift auf Karton kleben und ausschneiden. Diese **Schablone** auf das Werkmaterial legen und ihre Umrisse mit Blei- oder Filzstift nachziehen.

Werkzeuge und Hilfsmittel

* Bleistift, Lineal, weicher Radiergummi
* Bastelschere (für Kinder), Silhouettenschere oder Cutter mit Schneideunterlage
* Klebstoff: Alles- oder Papierkleber, Klebestift
* Wäsche- oder Büroklammern zum Fixieren
* Bürolocher oder Lochzange

Schneiden

Beim Schneiden das Werkstück in der Hand drehen. Bleistiftlinien wegschneiden oder später mit einem sauberen, weichen Radiergummi entfernen. Sehr einfach und dekorativ sind auch Schnitte mit Konturenscheren, zum Beispiel in Wellenform.

Kleben

* Den Klebstoff immer sehr sparsam und etwas vom Rand entfernt auftragen, damit beim Zusammenpressen der Teile nichts hervorquillt. Passiert das doch, lässt sich überschüssiger Klebstoff mit einem sauberen, weichen Radiergummi entfernen, solange er noch feucht ist.

* Für das Aufeinanderkleben von glatten Papierteilen und insbesondere auch für das Verkleben von transparenten Papieren am besten einen Klebestift verwenden.

Gesichter gestalten

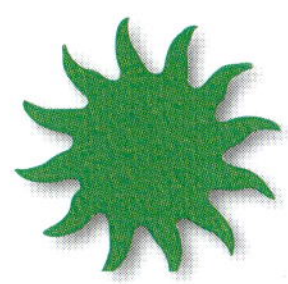

Augen und Mund mit Filzstiften oder mit Lackstiften aufmalen. In die schwarze Pupille mit weißem Lackstift einen Lichtpunkt setzen. Für die Gestaltung der Wangen orangerote Farbpartikel von einem Buntstift mit der Schere abschaben und mit der Fingerkuppe um den Rand des Gesichtes und verstärkt auf den Wangen auftragen.

Papier falten

Faltblätter

Im Fachhandel werden Faltblätter aus unterschiedlichen Papiersorten angeboten:

1. Faltblätter aus Plakatpapier, intensiv oder superintensiv, 65 g/qm, quadratisch oder kreisrund

2. Origami-Faltblätter, 75 g/qm, einseitig bedruckt

3. Japanische Origami-Faltblätter, 70 g/qm, beidseitig unterschiedlich bedruckt

4. Transparentpapier-Faltblätter, 42 g/qm

5. Seidenraupen-Transparentpapier-Faltblätter, 42 g/qm

6. Glanzpapier-Faltblätter, 80 g/qm, ungummiert, einseitig bedruckt

7. Faltblätter aus Regenbogen-Buntpapier, 115 g/qm, einseitig bedruckt

Außerdem ist jedes Papier geeignet, das sich scharf falten lässt, ohne zu reißen. Festes Papier erschwert allerdings das Falten. Bei Quadraten ist es wichtig, dass wie bei den fertigen Faltpapieren alle vier Seiten gleich lang und gerade geschnitten sind.

1

2

3

4

5

6

7

Zur Technik des Faltens

Bitte folgende Grundregeln beachten:

✶ Für Kinder darf die Faltarbeit nicht zu klein werden, für Anfänger sollte das Papier mindestens 15 x 15 cm groß sein. Geübtere Kinder kommen auch mit kleineren Formaten zurecht.

✶ Auf einer glatten, festen Fläche falten.

✶ Gerade und exakt falten.

✶ Die Faltkante mit dem Zeigefinger nachfahren. Ist sie nicht scharf genug, eventuell mit einem Lineal nachhelfen. Zur besseren Orientierung können die Faltlinien auch leicht vorgezeichnet werden.

✶ Beim Falten nicht nur den jeweiligen, sondern auch den folgenden Schritt ansehen.

✶ Die auf der rechten Seite abgebildeten Faltsymbole beachten, besonders den Hinweis „Figur umdrehen".

Hinweis

Auf den Vorlageseiten hinten in diesem Buch sind die Faltschritte verkleinert dargestellt, die Größe des Papiers wird in der Materialliste angegeben. Vorlagen von zusätzlichen Motivteilen einzelner Tierfiguren, z. B. Ohren, sind in Originalgröße abgebildet.

Faltsymbole

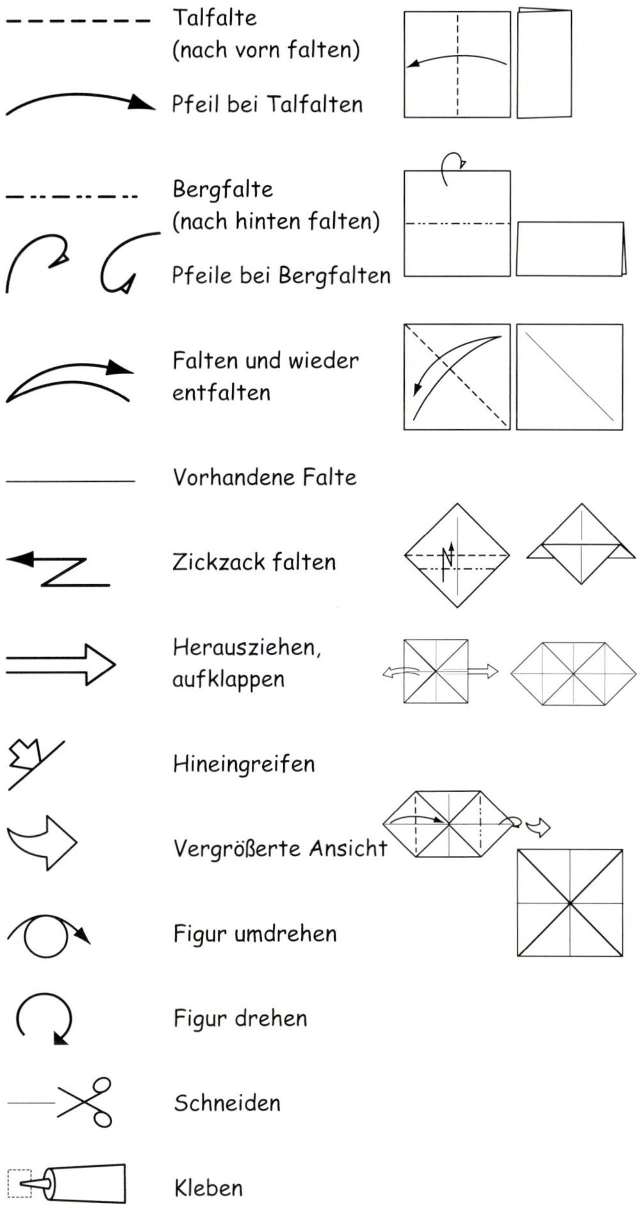

Bunte Karten

Material

- Tonkarton oder
- Wellpappe in verschiedenen Farben
- Papierreste aller Art zum Verzieren
- Lineal
- Zierrandschere

Vorlagen 1, 2
Seite 134

Alle Karten

Für die Herstellung der Karten jeweils ein Rechteck aus Tonkarton oder Wellpappe in der gewünschten Größe zuschneiden. Die Mittellinie mit Bleistift und Lineal leicht anzeichnen. Das Lineal an die Mitte legen und die Linie am Lineal entlang mit der geschlossenen Schere falzen (vorrillen). So lässt sich die Falte leichter knicken.

Blaue Karte und Karte mit Fisch

Ein Rechteck beziehungsweise einen Fisch nach der Vorlage 1 ausschneiden. Die Motivformen in streifenförmige Abschnitte schneiden, dabei einige Abschnitte auch mit einer Zierrandschere. Die Abschnitte puzzleartig wieder zusammensetzen und aufkleben, dabei die Abstände leicht verschieben.

Karte mit Stern und gelbe Karte

Für die Karte mit Stern die Sternform nach der Vorlage 2 aus Tonpapier ausschneiden. Die auf der Zeichnung markierten Teile des Sterns ausschneiden und der Abbildung entsprechend aufkleben. Das Motiv der gelben Karte ist auf die gleiche Art entstanden. Aus einem Rechteck kleine Teile ausschneiden, nach außen klappen und fixieren.

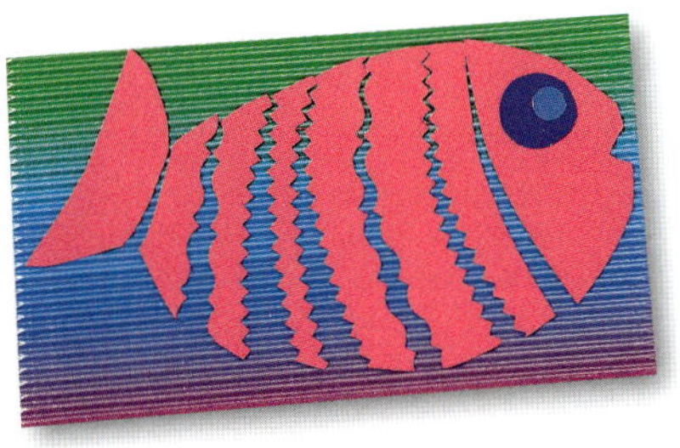

Krone & Hut

Material

Für alle

- Haushaltsschwamm
- Wäscheklammern
- Hefter mit Klammern

Krone

- Pappteller, 24 cm Ø
- Alu-Jogurtdeckel
- Krepppapierreste in Orange, Rot, Blau
- Bastelfarben in Weiß, Gelb, Gold
- Hutgummi

Blauer Hut

- Pappteller, 24 cm Ø
- Pappteller, 18 cm Ø
- Krepppapier in Blau
- Bastelfarben in Weiß, Blau, Gold
- Vlies in Silber, 4 x 50 cm, oder Geschenkband
- Hutgummi

Kleine Tasche

- 2 Pappteller, 18 cm Ø
- Bastelfarben in Weiß, Blau, Gold
- Vlies in Silber, 4 x 50 cm, oder Geschenkband

Vorlage 3

Seite 134

Krone

Den Pappteller gelb bemalen und trocknen lassen. Ein nussgroßes Stück Haushaltsschwamm in eine Wäscheklammer klemmen, in weiße Farbe tauchen und den Teller damit betupfen. Trocknen lassen und Goldfarbe mit einem neuen Schwämmchen auftupfen. Den Pappteller nach Zeichnung 1 auf Seite 134 einschneiden. Die gestrichelten Linien mit der Schere vorfalzen und die Zacken nach außen knicken. Die Innenseiten gelb bemalen und den Teller überlappend zusammenheften. Einen Stern und sechs Punkte aus den Jogurtdeckeln ausschneiden und auf die Zacken kleben. Als Edelsteine jeweils 2 x 2 cm große Quadrate aus Krepppapier schneiden, knüllen und aufkleben. Mit einer spitzen Nadel am Rand zwei gegenüberliegende Löcher stechen und Hutgummi einziehen.

Blauer Hut

Den großen Pappteller blau bemalen. Nach Zeichnung 2 auf Seite 134 ein Dreieck herausschneiden. Den großen Stern auf das Dreieck übertragen, ausschneiden, auf den Teller legen und den Ausschnitt wie oben beschrieben mit Weiß austupfen. Weiße und goldfarbene Punkte verteilen. Den Pappteller kegelförmig zusammenheften und an der Spitze ein Vlies- oder Geschenkband einkleben. Blaues Krepppapier, 150 x 15 cm, an einer Seite gezackt zuschneiden und gerafft in den Hut einkleben. Den unbemalten Pappteller bis zur Mitte einschneiden, kegelförmig zusammenheften und in den Hut einkleben. Hutgummi seitlich anbringen.

Kleine Tasche

Die Pappteller blau bemalen, wie oben beschrieben, mit Sternen und Punkten verzieren und nach Zeichnung 3 zuschneiden. Bei einem der größeren Halbkreise innen das Vliesband als Trageband festheften. Die größeren Tellerteile am runden Rand zusammenkleben und eines der kleineren Teile als Überschlag aufkleben.

Vogelmasken

Material

- Regenbogen-Tonkarton
- Reste von Fotokarton in Gelb, Rot
- Marabufedern in verschiedenen Farben
- Hutgummi
- Cutter
- Lochzange oder spitze Nadel

Vorlagen 4, 5

Seite 135

1 Die Masken nach den Vorlagen so aus Regenbogen-Tonkarton ausschneiden, dass jede einen anderen Farbverlauf zeigt. Die Öffnungen für die Augen mit dem Cutter ausschneiden (Erwachsene).

2 Den Schnabel aus unifarbenem Fotokarton schneiden und aufkleben. Die Marabufedern der Abbildung entsprechend anbringen.

3 An beiden Seiten Löcher stanzen oder stechen. Hutgummi einziehen, die Länge dem Kopfumfang anpassen und verknoten.

Tipp

Für eine Eulen-Maske die Grundform aus braunem oder ockerfarbenem Tonkarton ausschneiden.

Für den Sommer

Material

- Geprägter Tonkarton in Weiß, Gelb, Orange, Rot, Blau, Grün
- Tonkarton mit Streifen in Weiß-Rot
- Satinband in Blau, 5 mm breit
- Holzperlen in Gelb, Rot, Grün, 15 mm Ø
- Motivlocher:
  - „Sonne", groß
  - Eventuell „Kreis", klein, mittelgroß
  - „Herz", groß
- Locher oder Lochzange
- Hutgummi

Vorlagen
6 – 9
Seite 136

Sonnenkappen

Die Sonnenkappen nach der Vorlage 6 ausschneiden, an beiden Seiten lochen, ein Hutgummi einziehen. Die Kappen mit gestanzten Motiven wie Sonnen, Herzen oder Kreisen ausschmücken. Die Kreise und Herzen können auch nach der Vorlage 7 ausgeschnitten werden.

Gelber Fächer

Für den gelben Fächer ein Tonkarton-Rechteck, 50 x 22 cm, alle 2 cm mit dem Falzbein vorritzen und anschließend wie eine Ziehharmonika falten. Aus blauem Tonkarton kleine Sonnen mit dem Motivlocher ausstanzen und aufkleben. Den Fächer an einem Ende zusammennehmen und mit Satinband umwickeln.

Kette

Gelbe, rote und grüne Holzperlen abwechselnd auf ein längeres Stück Hutgummi fädeln und am Ende zusammenknoten.

Armband

Einen roten Tonkartonstreifen, 3,5 cm breit und 25 cm lang, zuschneiden. Nach den Vorlagen 8 und 9 die Herz-Motivteile zuschneiden, zusammensetzen und auf dem Tonkartonstreifen anbringen. Den Streifen mit Klebstoff zu einem Armband schließen, dabei den Umfang des Handgelenks beachten.

Lustige Giraffen

Material

- Tonpapier in Gelb, Orange
- Für jeden Hals:
  2 Flechtstreifen in Gelb oder Orange, 1,5 x 50 cm
- Für die Beine eines Tiers:
  4 Flechtstreifen in Gelb oder Orange, 1 x 50 cm
- Tonpapierrest in Braun
- Garnrest in Braun
- Buntstift in Braun
- Lackstift in Weiß
- Filzstift in Schwarz
- Fingerfarbe in Braun

Für Beine und Hals Hexentreppen falten (s. S. 137). Körper, Kopf und Schwanz nach den Vorlagen ausschneiden. Beine und Schwanz zwischen beide Körperteile kleben.
Den Hals auf die umgeknickte Körperspitze kleben und den Kopf am Halsende anbringen. Die Fellzeichnung aufmalen oder aufkleben. Garn bündeln und als Schwanzspitze fixieren.

Vorlage 10
Seite 137

Kleine Schachteln

Material

- Falt- oder Geschenkpapier, 15 x 15 cm oder 20 x 20 cm

1 Die Diagonalen falten und das Blatt wenden.

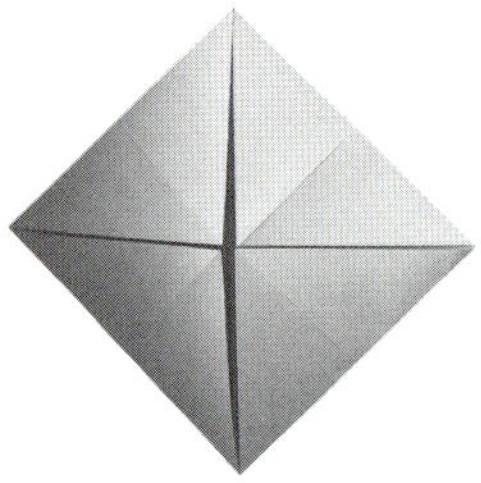

2 Alle Ecken zur Mitte falten.

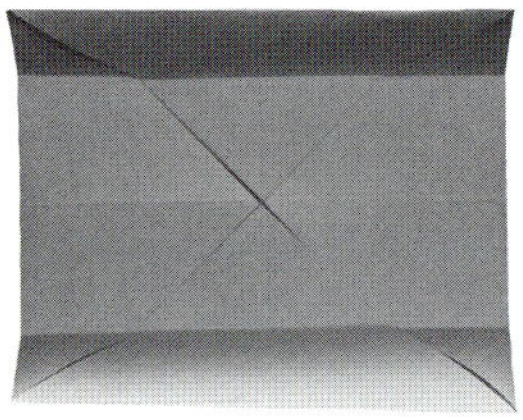

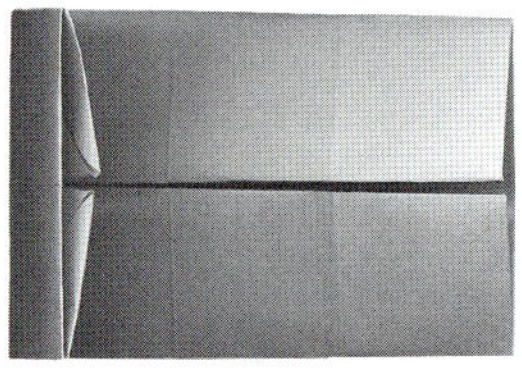

3 – 4 Die Arbeit falten, bis ein gleichmäßiges Netzgitter entsteht und alles wieder öffnen.

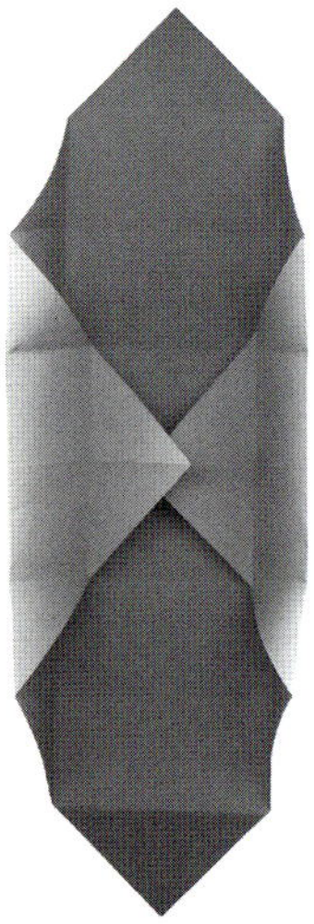

5 Zwei gegenüberliegende Ecken zum Mittelpunkt falten und als Schachtelwände aufstellen.

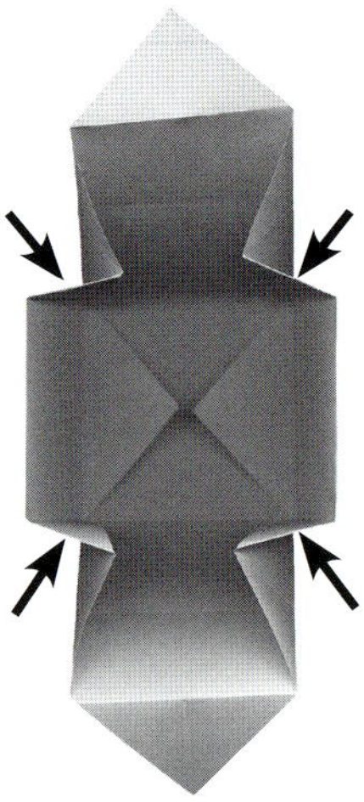

6 An allen vier Eckpunkten der späteren Schachtel die kleinen Diagonalen eindrücken.

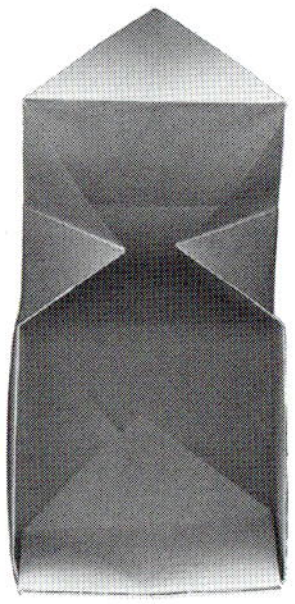

7 Die anderen Wände aufstellen und über die kleinen Dreiecke an den Schachtelecken ins Innere einschlagen.

Schnapptiere

Material

- Quadratisches Faltpapier mit Streifen in Gelb-Schwarz, 15 x 15 cm
- Quadratisches Faltpapier mit Pünktchen in Schwarz-Rot, 15 x 15 cm
- Tonpapierreste in Gelb, Rot, Hautfarbe, Schwarz
- Wackelaugen, oval, 15 mm
- Wackelaugen, rund, 10 mm Ø
- Webpelzrest in Schwarz
- Pompons in Rot, Orange, 10 mm Ø
- Filzstift in Rot

Vorlagen 11 - 14

Seite 157

Beide Motive nach der als „Himmel-und-Hölle" bekannten Faltung arbeiten.

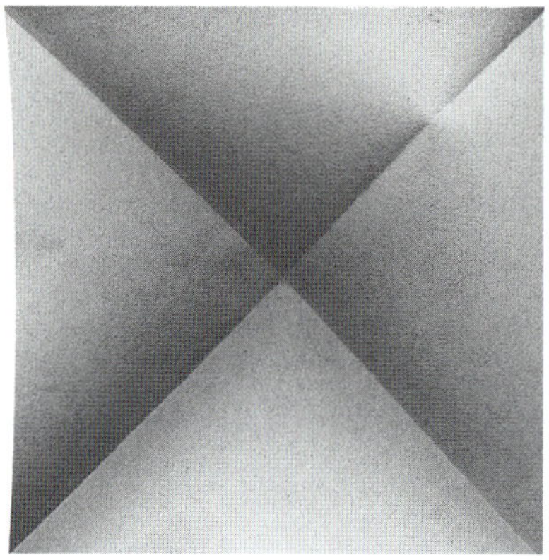

1 Beide Diagonalen eines Papierquadrates falten.

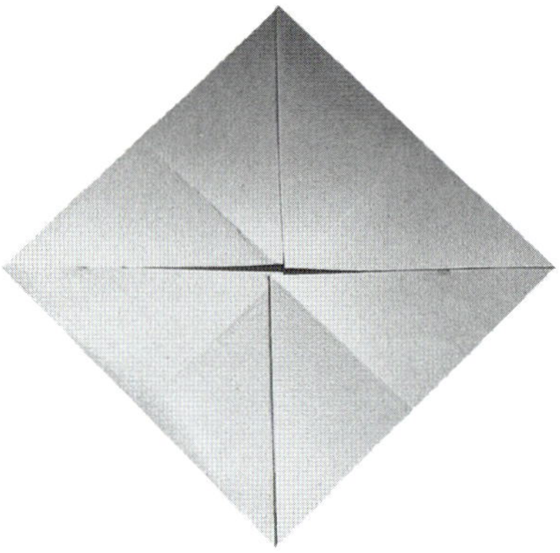

2 Alle Ecken zur Mitte falten und die Faltarbeit wenden.

3 Alle Ecken zur Mitte falten.

Das sieht dann so aus.

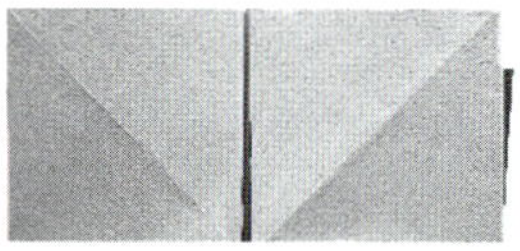

4 Das Quadrat entlang der Mittellinie falten.

5 Die Finger in die entstandenen Öffnungen stecken, die Papierspitzen zur Mitte führen.

6 Zwei gegenüberliegende Innenflächen so aneinanderkleben, dass ein Ober- und ein Unterkiefer entsteht. Die Gesichter gestalten.

7 Für den Tigerkopf nach den Vorlagen zwei Ohren und eine rote Zunge aus Tonpapier zuschneiden und befestigen. Die Webpelz-Haare, die Wackelaugen und einen roten Pompon als Nase ergänzen. Dünne gelbe Tonpapiestreifen als Barthaare anbringen.

8 Für den Marienkäferkopf das runde Gesicht und die schwarze Kappe mit den Fühlern nach den Vorlagen aus Tonkarton zuschneiden und auf der fertigen Faltung anbringen. Die Wackelaugen und eine rote Pomponnase ergänzen. Mit rotem Filzstift den Mund aufmalen.

Papierflieger

Material

- Kopierpapier in Weiß, 80 g/qm
- Transparentpapier, 115 g/qm, z. B. Motiv „Treppen"
- Filzstifte in Grau, Schwarz

Vorlage 15
Seite 138

Hinweise zum Thema Papier

Papier wird durch zwei Angaben bestimmt, durch Größe und Gewicht. Die Gramm-Angabe bezeichnet das Gewicht des Papiers und sie gibt Hinweise auf dessen Stärke. Schweres Papier fühlt sich dicker an. Die Gewichtsangabe bezieht sich immer auf einen Quadratmeter des Papiers, egal wie groß das Stück ist, das man gerade in den Händen hält.
Das bekannteste Format ist DIN A4; das ist die übliche Größe von Briefbögen und Papieren, die in jedem Fotokopierer verwendet werden. Ein A4-Blatt ist 29,7 cm hoch und 21 cm breit.

Falten

Den Papierflieger nach der Faltanleitung (Vorlage 15) anfertigen und im gefalteten Zustand mit Ornamenten bemalen. Hierfür den Flieger flach auf den Tisch legen und die Falten vorsichtig öffnen.

Abwurf

Die Halteposition beim Abwurf ist unten am Ende der Nase bzw. am Anfang der Tragflächen. Beim Abwurf darauf achten, dass die beiden Tragflächen geradlinig zueinanderstehen.

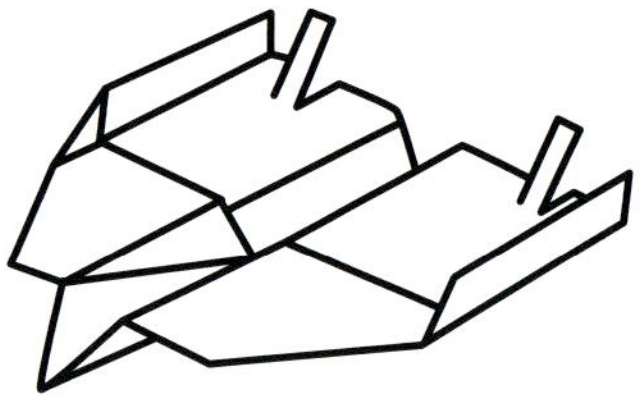

Falls der Flieger zu schnell zu Boden gehen sollte, dann ist er vorn zu schwer. Hier empfiehlt es sich, im Heck Klappen einzuschneiden (wie auf der Zeichnung zu sehen), denn durch die Bremswirkung sorgen die Klappen für einen längeren Gleitflug. Aber Vorsicht: Sind die Klappen zu groß oder zu weit nach oben gestellt, dann fängt der Flieger an zu „pumpen" und es entsteht ein wellenförmiges Flugbild.

Falt-Katzen

Material

- Zeitungspapier- oder Prospektmaterial

Papierzuschnitt

Große Katze

- Körper, 10 x 15 cm
- Kopf, 8 x 10 cm

Kleine Katze

- Körper, 8 x 13 cm
- Kopf, 6,5 x 8,5 cm

Vorlage 16

Seiten 140, 141

Die Katzen nach den Schritt-für-Schritt-Zeichnungen auf Seite 140/141 falten, zuerst jeweils den Kopf, dann den Körper. Beide Teile aneinanderkleben und mit Stiften das Gesicht aufmalen. Die Katzen stehen sicher, wenn sie unten leicht auseinandergezogen werden.

3 x 22
Freitag, 3. Februar

Utensilo & Schale

Material

Pappmachémasse

- Zeitungspapier
- Tapetenkleister
- Leeres Konservenglas
- Eventuell Küchenmaschine oder Pürierstab

Utensilo & Schale

- Topf
- Schale
- Vaseline
- Pappmachémasse (siehe oben)
- Zeitungspapier
- Angerührter Tapetenkleister
- Dispersionsfarbe in Weiß
- Acrylfarben:
  - Utensilo: Gelb, Maigrün, Karmin, Ultramarinblau
  - Schale: Orange, Ultramarinblau
- Pinsel, Wattestäbchen
- Acryl-Seidenglanzlack
- Tafelmesser
- Plastiktüte

Pappmachémasse selber anfertigen

1 Aus Zeitungspapierschnipseln und Tapetenkleister eine knetfertige Masse herstellen. Dafür zunächst den Tapetenkleister nach den Herstellerangaben anrühren.

2 Mehrere Lagen Zeitungspapier, zum Beispiel 10 Doppelseiten, in etwa 1,5 cm große Quadrate reißen, in heißem Wasser einweichen und einen halben Tag stehen lassen. Die Schnipsel können auch mit Wasser in den Mixer gegeben und durch mehrmaliges Betätigen des Momentschalters vermischt werden. Überschüssiges Wasser ausdrücken.

3 In ein leeres Konservenglas vier Esslöffel Kleisterpulver geben, mit Wasser auffüllen, verschrauben und gut schütteln. Nach etwa 10 Minuten den Kleister mit dem eingeweichten Papierbrei verkneten, bis eine geschmeidige Masse entsteht.

Utensilo & Schale

1 Topf und Schale jeweils mit Vaseline einstreichen, Pappmachémasse hineindrücken und glatt streichen (etwa 0,5 bis 1 cm dick), dabei bei der Schale zum oberen Rand hin etwas dünner werden.

2 Mehrere Tage auf einer Plastiktüte bei gleichbleibender Wärme trocknen lassen. Danach lässt sich die Papierschüssel leicht herauslösen: Einfach mit einem stumpfen Messer unter den Rand fahren.

3 Auf den breiten Rand des Utensilos im Abstand von etwa 3 cm Pappmachékugeln drücken und glatt streichen. Aus dem dünnen Rand der Schale mit einer spitzen Schere Dreiecke herausschneiden.

4 Die beiden Behältnisse mit einer Schicht Zeitungspapierschnipseln und Kleister überziehen. Nach dem Trocknen die beiden Gefäße mit weißer Dispersionsfarbe deckend grundieren.

5 Nachdem die Grundierung getrocknet ist, Utensilo und Schale bemalen. Blumen und Punkte mit dem Finger oder mit einem Wattestäbchen aufdrücken. Utensilo und Schale eventuell lackieren.

Martinslaterne

Material

- Transparentpapier in Hellgelb, Orange, Hell- und Dunkelgrün
- Luftballon, 33 cm Ø
- Angerührter Tapetenkleister
- Laternenbügel aus Draht

Tipp

Elektrische Laternenstäbe sind am sichersten. Sollen Teelichter oder Kerzen verwendet werden, muss eine entsprechende Halterung am Laternenboden angebracht werden.

1 Den Kleister anrühren und den Luftballon aufblasen. Hellgelbes Transparentpapier in 4 x 4 cm große Schnipsel reißen.

2 Nach den Vorlagen Blätterschablonen anfertigen. Die Formen auf Transparentpapier in Orange und Grün zeichnen und ausschneiden.

3 Den Ballon mehrschichtig mit Schnipseln bekleben und die Blätter anbringen. Trocknen lassen.

4 Den Luftballon am Knoten einschneiden und entfernen. Eine glatte Öffnung schneiden und zum Schluss den Laternenbügel befestigen.

Leuchtende Sterne

Material

Achtzackiger Stern

- Transparentpapier in Gelb, Orange, Rot, Pink
- Tonpapier in Orange, Pink
- Motivlocher „Stern", mittel

Vierzackiger Stern

- Transparentpapier in Hellgelb, Gelb
- Tonpapier in Gelb
- Motivlocher „Kreis", mittel

Windlichter

- 3 Glaswindlichter
- 3 Teelichter
- Transparentpapier in Gelb, Orange, Rot, Pink, Hellgrün, Dunkelgrün
- Kleister
- Altes Gefäß
- Wasser

Vorlage 17

Seite 139

Für den **achtzackigen Stern** eine Schablone von 6 x 9 cm anfertigen. Die Umrisse auf das Transparentpapier übertragen. Je Stern acht gleich große Rechtecke aus einem Farbenpaar (Orange und Gelb, Rot und Pink) zuschneiden. Die Rechtecke nach der Vorlage 17 falten. Die Faltkanten mit dem Scherenrücken oder dem Fingernagel nachfahren. Die Sternspitzen farblich abwechselnd der Abbildung entsprechend an der mittleren Faltlinie übereinanderkleben (glatte Seite nach oben). Den letzten Zacken einschieben und festkleben. Den Klebstoff sparsam verwenden, um Flecken zu vermeiden. Mit dem Motivlocher einen farblich passenden Stern ausstanzen und aufkleben.

Bei dem **vierzackigen Stern** sind der Zuschnitt und die Falttechnik genauso wie beim achtzackigen Stern, jedoch werden pro Stern nur vier gleich große Rechtecke aus einem Farbenpaar zugeschnitten. Mit dem Motivlocher fünf farblich passende Kreise ausstanzen. Mit der glatten Seite nach oben, farblich abwechselnd, die flachwinkeligen Spitzenseiten aneinanderlegen. Ausgestanzte Kreise in der Sternenmitte fixieren. Den Stern wenden, die restlichen vier Kreise zum Stabilisieren des inneren Sterns zwischen je zwei Sternspitzen kleben.

Für die **Windlichter** den Kleister anrühren und eine halbe Stunde ziehen lassen. Aus Transparentpapier verschieden breite Streifen reißen, mit Klebstoff bestreichen (das geht gut mit den Fingern) und auf das Windlicht kleben. Es entsteht ein schöner Effekt, wenn sich die Streifen überlappen. Mindestens 24 Stunden trocknen lassen. Nach dem Trocknen mit einer Schere die überstehenden Streifen an der Oberkante abschneiden.

Mit Farbe gestalten

Bastelfarben

Deckfarben aus dem Schulfarbkasten haften auf saugenden Untergründen wie Papier, Pappe, Karton, Gewebe. Sie werden mit Wasser angelöst und mit einem Pinsel aufgetragen.

Fingermalfarben sind cremeartige Farben zum Malen mit Fingern oder Pinsel auf Papier, Folie oder Fensterscheiben. Verwenden Sie Farben, die der europäischen DIN EN 71 entsprechen, ihre Inhaltsstoffe sind auf Eignung und Unbedenklichkeit hin untersucht.

Acrylfarben auf Wasserbasis eignen sich für viele Untergründe wie Holz, Papier, Leder, Stein, Metall, Glas, Ton, Keramik, Kunststoff und Styropor®. Sie werden mit einem Pinsel aufgetragen.

Universell einsetzbar sind auch kaseinhaltige **Plakatfarben auf Wasserbasis**. Sie lassen sich leicht vermalen und gleichmäßig auftragen, trocknen samtartig matt und schnell auf und besitzen eine hohe Deckkraft. Die Farben sind ideal für Papier, Pappe und viele andere Untergründe.

Pinsel

Zum Bemalen größerer Flächen einen Borstenpinsel verwenden, zum Malen feiner Linien eher einen Haarpinsel. Alle Pinsel nach Gebrauch auswaschen und niemals im Wasserglas stehen lassen.

Klebstoff

Sehr gut geeignet sind z. B. ein Bastelkleber, ein Klebestift und eine Niedertemperatur-Klebepistole, die mit einer geringeren Temperatur als eine übliche Heißklebepistole arbeitet und unter Aufsicht auch von Kindern verwendet werden kann.

Werkzeuge & Hilfsmittel

(Diese sind auf den folgenden Seiten nicht extra aufgeführt)

- Transparentpapier und Karton für Schablonen
- Bleistift, Radiergummi, Lineal, Zirkel
- Filzstifte in Rot, Schwarz
- Lack- oder Gelstift in Weiß
- Buntstifte (verschiedene Farben)
- Wachsmalstifte (verschiedene Farben)
- Farbrolle, Schwämmchen
- Bastelschere (Kinder), Silhouettenschere oder Cutter (Erwachsene)
- Wäscheklammern zum Fixieren
- Bürolocher, Lochzange, Prickelnadel
- Schaschlikspieß, Wattestäbchen

Vorlagen übertragen

Die Umrisse des ausgewählten Motivs auf Transparentpapier pausen, die Zeichnung mit einem Klebestift auf Karton kleben und ausschneiden. Diese Schablone auf das Werkmaterial legen und ihre Umrisse mit Blei- oder Filzstift nachzeichnen.

Frottage

Ein Blatt Zeichenpapier auf einen Gegenstand mit stark strukturierter Oberfläche legen (z. B. Gitter, Korbgeflecht, Stein, Holzbrett). Mit Öl- oder Wachsmalkreide vorsichtig über die Papieroberfläche reiben, damit sie nicht reißt. Die Materialstruktur ist nun auf dem Papier abgebildet. Für diese Technik kein zu festes Papier verwenden, sonst drückt sich die Struktur nicht durch.

Abklatschtechnik

Verschiedene Acrylfarben dick auf ein festes Zeichenpapier auftragen, dabei die Farbflächen etwas ineinanderlaufen lassen. Auf die nasse Farbfläche ein zweites Zeichenblatt legen, leicht andrücken und wieder abziehen. Dabei das Blatt etwas bewegen, so entstehen interessante Strukturen. Oder das Zeichenpapier in der Mitte falten und nur auf eine Papierhälfte Farbe auftragen. Beide Hälften zusammendrücken, wieder auseinanderfalten. So entstehen zwei symmetrische Farbflächen.

Moosgummidruck

Die Stempelform (z. B. Kreise, Dreiecke) aus Moosgummi ausschneiden und auf die flache Seite eines Korkens kleben. Die Stempelfläche sollte nicht über den Korken hinausragen. Acrylfarbe auf die Moosgummifläche streichen und Motive stempeln.

Schablonendruck

1 Zuerst eine Schablone anfertigen: Ein einfaches Motiv, z. B. eine Blüte, auf festes Papier malen und ausschneiden, dabei darauf achten, dass der Rahmen um das Motiv herum breit genug ist. Es gibt noch eine weitere Technik, um ganz leicht Schablonen anzufertigen: Einfach ein Blatt Papier mehrfach falten und dann mit der Schere am Rand Ecken und Rundungen einschneiden. Das Blatt wieder auseinanderfalten.

2 Acryl- oder Bastelfarbe auf einen kleinen Teller geben. Die Schablone auf den gewünschten Untergrund, z. B. Packpapier, Pappe, Stoff oder Holz, legen und mit zwei Fingern festhalten. Mit der Farbrolle Farbe aufnehmen und von der Mitte her über die Fläche walzen, dabei sollten die Ränder nicht umknicken bzw. die Schablonen nicht verrutschen. Anschließend die Schablone abheben. Die Restfarbe auf der Papierunterlage abrollen. Statt mit einer Rolle kann die Farbe auch mit einem Schablonierpinsel oder einem Schwamm aufgetupft werden.

Schnecken-
häuser

Material

- Flache, runde Steine; Originalgrößen der abgebildeten Beispiele: 5 bis 7 cm Ø
- Acrylfarben in Weiß, Goldgelb, Orange, Rosa, Hellrot, Grasgrün, Azurblau, Türkis
- Lackstifte in Gelb, Orange, Rot, Grün, Blau

Alle Steine weiß grundieren und nach dem Trocknen in einer Grundfarbe bemalen. Die Spiralen mit Bleistift vorzeichnen und mit Acrylfarben oder Lackstiften nachziehen. Größere Farbflächen mit Acrylfarbe ausmalen.

Hasenfreunde

Material

- Fotokarton in Gelb, Rot, Hellgrün, Hellbraun
- Colorbast in Natur, Gelb, Rot, Grün
- Eventuell Knöpfe
- Plakat- oder Acrylfarben in Gelb, Orange, Rot, Grün, Blau
- Flaschenkorken
- Trinkhalm
- Filzstift in Schwarz
- Buntstift in Braun

Vorlage 18
Seite 142

1 Die Köpfe und die Pfoten der Hasen nach den Vorlagen jeweils doppelt aus Fotokarton ausschneiden. Die Gesichter ausgestalten, Basthaare oder eine Bastschleife ergänzen.

2 Die Fotokarton-Körper mit Farbe gestalten:
Punkte: Farbe mit einem Finger auftupfen.
Quadrate: Ein 1 x 1 cm großes Quadrat aus einer der flachen Seiten des Flaschenkorkens herausschneiden, der Korken selbst bleibt als Griff stehen. Den Stempel in die Farbe tauchen und auf das Papier drücken.
Kleckse: Farbe mit etwas Wasser verdünnen, auf das Papier tropfen lassen und mit dem Trinkhalm auseinanderpusten.

3 Pro Hase vier Colorbaststücke, etwa 10 cm lang, als Arme und Beine zwischen die deckungsgleichen Formen von Körper und Pfoten kleben. Eventuell noch ein paar Knöpfe fixieren.

Pfau & Schlange

Material

- Moosgummi
- Stempelfarben
- Papier in Weiß
- Tonpapierreste
- Buntstifte
- Holzklötzchen oder Korken
- Alleskleber
- Tacker
- Schere

Pfau

1 Zunächst einen Stempel anfertigen: Einfach aus Moosgummi Kreise in unterschiedlichen Größen zuschneiden und diese auf Holzklötzchen oder Korken kleben. Pro Pfau zwei weiße DIN-A4-Blätter mit Kreisen in verschiedenen Farben bestempeln. Wenn kleinere Kreise in größere gestempelt werden, entstehen „richtige" Pfauenaugen.

2 Die Farbe trocknen lassen, dann jedes Blatt senkrecht auf den Tisch legen und von unten nach oben zu einer Ziehharmonika falten. Die entstanden Streifen jeweils quer auf den Tisch legen, in der Mitte aufeinanderfalten und die aufeinandertreffenden Flächen zusammenkleben. Nun die beiden Hälften des Pfauenrads mit Kleber fixieren.

3 Aus farbigem Tonpapier die Umrisse eines Pfaus der Abbildung entsprechend ausschneiden, ein Gesicht aufmalen und die Figur vor das Pfauenrad kleben.

Schlange

1 Aus Moosgummi kleine Rechtecke, Quadrate und Dreiecke zuschneiden, auf Holzklötzchen oder Korken kleben und dann pro Schlange zwei weiße DIN-A4-Blätter damit bestempeln.

2 Nachdem die Farbe getrocknet ist, die bestempelten Blätter waagerecht in ca. 2 cm breite Streifen schneiden und diese zu zwei langen Papierbändern zusammenkleben. Aus diesen Papierstreifen eine einfache Hexentreppe falten (Anleitung Seite 137), so entsteht der Schlangenkörper.

3 Für den Schlangenkopf ein kleines Stück Papier doppelt nehmen und ein Oval ausschneiden, die Faltkante bleibt dabei erhalten. Mit Buntstiften zwei Augen aufmalen, eine Schlangenzunge einkleben und eventuell zusätzlich spitze Zähne einschneiden. Den Kopf auf den Schlangenkörper kleben.

Geschenktüten

Material

- Fertige oder selbst gemachte Papiertüten
- Bastelfarben
- Pinsel
- Farbrolle
- Verschiedene Stempel
- Teller

1 Zuerst mit der Farbrolle auf der Mitte der Tüte eine weiße Fläche grundieren, die Ränder dürfen dabei ruhig unregelmäßig werden. Die Farbe trocknen lassen.

2 Auf diese grundierte Fläche nun verschiedene Stempelmuster auftragen. Für die liegenden Tüten verschiedene Kleinteile aus der Spielzeugkiste, zum Beispiel Duplosteine, als Stempel einsetzen.

3 Bei den stehenden Tüten verschiedene Materialien als Stempel benutzen: Die weiße Fläche der vorderen Tüte mit Spitzendeckchen bedrucken, die hintere mit Noppenfolie in drei übereinanderliegenden Farben.

Tipp

Beim Materialdruck entstehen interessante Muster, wenn das gleiche Motiv in unterschiedlichen Farben versetzt übereinandergedruckt wird. Der erste Druck sollte trocken sein, bevor der zweite aufgetragen wird. Immer mit der dunkelsten Farbe anfangen und die hellste zuletzt drucken.

Pflanzenbüchlein

Material

- Notizbuch mit Leerseiten
- Bastelfarben
- Pinsel
- Blätter aus der Natur
- Papier
- Teller
- Föhn

Tipp

Zu jedem abgedruckten Blatt kann noch etwas geschrieben werden, zum Beispiel, wo der Baum oder der Strauch wächst, was für Eigenschaften er hat und welche Früchte er trägt.

1 Bei einem Spaziergang schöne Blätter von verschiedenen Bäumen sammeln und in eine Plastikdose legen. Die Blätter sollten flach liegen, aber nicht gepresst werden, damit die Blattadern in ihrer Form erhalten bleiben.

2 Zu Hause einen Papierbogen ausbreiten und das Notizbuch bereitlegen. Etwas grüne Farbe auf einen Teller geben. Einzelne Papierbogen, die etwas größer als die Blätter sind, zurechtlegen. Die Blattrückseite mit Farbe einstreichen, nicht zu dünn und nicht zu dick.

3 Am besten zuerst ein paar Drucke auf Papier ausprobieren, bevor das Buch bedruckt wird. Hierfür das Blatt mit der Farbseite nach unten auf weißes Papier legen, dann mit einem weiteren Papierbogen abdecken. Nun vorsichtig auf dem Papierbogen mit den Fingern die Blattadern nachfahren. Auf diese Weise das Blatt sauber abdrucken. Wenn man vorsichtig über das Papier streicht, geht das Blatt nicht kaputt und kann mehrmals verwendet werden.

4 Nach dem Probedurchlauf direkt in das Büchlein drucken. Die Blätter jeweils mittig auf einer Seite platzieren. Die bedruckte Seite leicht anföhnen, um zu verhindern, dass sich die Farbe auf die folgende Buchseite durchdrückt. Danach den Pflanzendruck mit einem Stück Papier abdecken und die nächste Seite gestalten.

5 Für das Titelblatt verschiedene Blätter übereinanderdrucken. Hierfür zuerst ein Blatt in einer Farbe drucken, trocknen lassen und dann mit einer anderen Farbe dasselbe Blatt nochmals drucken. Auch die Zweitabdrucke sehen hier sehr gut aus: Dafür das Blatt abdrucken, ohne es nochmals mit Farbe einzustreichen.

Tulpenstrauß

Material

- Tonkarton in Hellgrün
- Regenbogen-Tonkarton in Orange-Grün-Gelb und Orange-Rot
- Zeichenpapier in Weiß
- Tortendeckchen in Weiß, 20 cm
- Öl- oder Wachsmalkreiden in Gelb, Orange, Hellgrün, Dunkelgrün, Hellrot, Dunkelrot und Violett

Vorlage 19

Seite 143

1 Als Hintergrund ein 18,5 x 22,5 cm großes Stück aus hellgrünem Tonkarton zuschneiden.

2 Vom Rand des Tortendeckchens zwei ca. 3 bis 4 cm breite Streifen abschneiden sowie zwei kleine Stücke für die oberen Ecken. Die Tortenpapierstreifen am unteren Rand des Hintergrundes versetzt übereinander anordnen und die beiden kleinen Stücke in die oberen Ecken kleben.

3 Das große Vasenteil aus orange-grün-gelbem, das kleinere Vasenteil und die Henkel aus orange-rotem Regenbogen-Tonkarton nach Vorlage 19 anfertigen. Die Vasenteile aufkleben, dabei den oberen Vasenrand noch nicht befestigen.

4 Für die Tulpenblüten auf Zeichenpapier verschiedene Frottagen (Grundanleitung Seite 36) in Gelb, Orange, Violett, Hellrot und Dunkelrot mit unterschiedlichen Strukturen herstellen. Für das Herz Dunkelrot verwenden, für Blätter und Stängel Hell- und Dunkelgrün. Letztere sollten in der Struktur gleich sein.

5 Das Herz, die Blüten, die Blätter und die Stängel aus dem mit Frottagen gestalteten Papier nach Vorlage 19 anfertigen. Das Herz auf die Vase kleben, Stängel und Blätter unter den oberen Vasenrand schieben und befestigen. Zuletzt die Blüten anbringen und das fertige Motiv auf das Tonkartonblatt kleben.

Tipp

Statt Ölkreiden kann man für die Frottagen auch sehr gut Wachsmalkreiden verwenden.

Geschenkpapier

Material

- Große Papierbogen (DIN A2)
- Bastelfarben
- Farbrollen
- Cutter (Erwachsene)

1 Für das vordere Geschenkpapier mit der Farbrolle einen Papierbogen abwechselnd in Blau und Pink walzen, dabei dürfen sich die Farben ruhig überlappen. Anschließend den Mond, das Blatt und andere Motive mithilfe von Schablonen aufdrucken (Grundanleitung Seite 36).

2 Für das mittlere Geschenk das Papier zuerst in Pink grundieren. Das Muster mit der Schablonentechnik auftragen. Auf die gleiche Weise den liegenden, türkisfarbenen Bogen bedrucken.

3 Das hintere Geschenk ist mit einem „Experimentierbogen" verpackt, auf dem verschiedene Techniken ausprobiert worden sind.

4 Für den weißen liegenden Geschenkbogen das Papier mit einer Blumenschablone jeweils in Orange, Pink und Grün bedrucken, wobei sich die Motive immer wieder überschneiden.

Tipp

Farbreste von der Rolle immer auf große Papierbogen walzen, so entstehen jede Menge Untergründe für Geschenkpapiere, die sich jederzeit weiterbearbeiten lassen.

Blumenwiese

Material

- Tonpapier in Hellgrün, ca. 18 x 21 cm
- Wachsmalkreiden
- Radiergummi, spitz
- Tonpapierreste in verschiedenen Farben
- Filzstift in Schwarz
- 5-Cent-Münze als Schablone

1 Mit den Wachskreiden Kreise auf das grüne Tonpapier malen, entweder einfarbig oder mehrfarbig in Form von Ringen.

2 Einen spitzen Radiergummi in der Mitte eines Punktes ansetzen und ruckartig zu sich heranziehen. Das Papier dabei gut festhalten, damit es nicht knittert oder reißt. Das Papier drehen und den Vorgang wiederholen. Der Radiergummi verschiebt die Farbe, sodass eine Sternblüte entsteht. Den Hintergrund mit beliebig vielen Sternblüten füllen.

3 Mit grüner Wachskreide Stängel unter die Blüten setzen und mit dem Radiergummi verwischen, sodass sich Blattformen ergeben.

4 Mit der Münze als Schablone drei Kreise auf Tonpapier anzeichnen und ausschneiden. Die Papierpunkte in die Mitte der ausgewählten Blüten kleben und mit einem Filzstift Augen und Mund aufmalen.

Schmetterlinge

Material

- Regenbogen-Tonkarton in Blau-Orange-Gelb
- Festes Zeichenpapier
- Acrylfarben in Blau, Violett, Orange, Gelb und Dunkelrot
- Seidenpapier in Rot
- Pluster-Pen in Gelb
- Fineliner in Schwarz

Vorlage 20
Seite 144

1 Als Untergrund ein 18,5 x 22,5 cm großes Stück aus blau-orange-gelbem Regenbogen-Tonkarton zuschneiden.

2 Für die Schmetterlingsflügel das Zeichenpapier mit Acrylfarben in Blau, Violett, Orange, Gelb und Dunkelrot mithilfe der Abklatschtechnik (Anleitung Seite 36) gestalten. Für die Schmetterlingskörper jedoch nur Violett und Blau verwenden.

3 Nach dem Trocknen aus den fertigen Papieren die Flügel und die Körper für einen großen und einen kleinen Schmetterling nach der Vorlage 20 zuschneiden.

4 Die Schmetterlingsflügel auf dem Hintergrund anbringen. Die Körper mit gelber Acrylfarbe umranden und auf die Flügel kleben. Zuletzt die Fühler mit schwarzem Fineliner aufzeichnen.

5 Als Blüten kleine unregelmäßige Kreise aus rotem Seidenpapier reißen und beliebig um die Schmetterlinge herum anordnen. Je einen Tupfer gelbe Plusterfarbe in die Blütenmitte setzen.

Basteln mit Wolle, Stoff

Pompons anfertigen

1 Die Vorlageform zweimal auf Pappe übertragen und mit einer Nagelschere ausschneiden (Abbildung 1). Beide Pappvorlagen genau übereinanderlegen. Einen langen Wollfaden in eine Woll- bzw. Sticknadel einfädeln. Den Faden strahlenförmig, vom Loch in der Vorlage ausgehend, in festen, Schlingen gleichmäßig in Runden entlang des Papprands wickeln (Abbildung 2), bis das Loch in der Mitte vollkommen mit Wolle gefüllt ist und sich die Nadel nicht mehr durchstechen lässt (Abbildung 3). Die Fadenenden immer nach außen legen.

2 Die Wollfäden des fertig gewickelten Pompons am äußeren Rand vorsichtig aufschneiden (Abbildung 4). Dabei das Zentrum gut festhalten, sodass die Wollfäden nicht herausrutschen.

3 Einen reißfesten Bindfaden zwischen den beiden Pappscheiben zweimal fest um das Zentrum wickeln und einen doppelten Knoten machen (Abbildung 5).

4 Die Pappformen etwas einschneiden, aufreißen und entfernen. Die längeren, seitlichen Wollfäden des Pompons mit einer Schere zurechtstutzen (Abbildung 6).

Kordel drehen

Kordeln am besten zu zweit drehen. Jeder nimmt ein Ende von einem doppelt, dreifach oder vierfach gelegten Faden in die Hand und dreht diese, jeder in eine andere Richtung. Dreht man alleine, hängt man das andere Ende einfach in eine Türklinke ein. Schneller geht es so: Die Enden verknoten, vor die Knoten je einen Bleistift stecken und diese dann drehen. So lange drehen, bis ein strammer Faden entsteht. In die Mitte dieses Fadens eine Schere klemmen, den Faden dabei so hoch halten, dass die Schere frei hängt und sich drehen kann. Hat die Schere ausgedreht, diese abnehmen und Kordelenden verknoten.

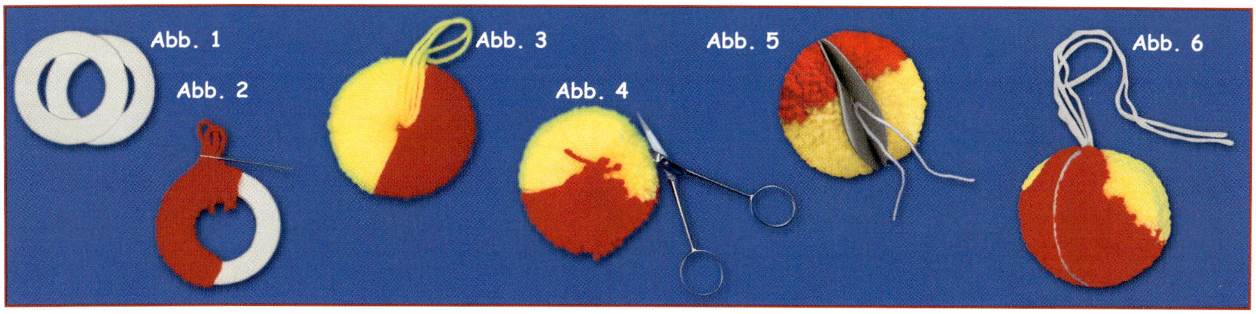

& Filz

Stricken mit der Strickliesel

1 Mit einer Strickliesel geht die Anfertigung von Strickschläuchen ganz leicht. Zuerst einen Wollfaden von oben durch die Strickliesel führen, bis er unten herausschaut. Für die erste Reihe den Faden von links nach rechts um jeden Haken herumlegen.

2 Die Strickliesel so in die linke Hand nehmen, dass der Daumen vorne den Kopfrand hält. Um die Spitze des Zeigefingers läuft der Faden zum Mittelfinger, der mit dem Ringfinger den Fuß der Strickliesel abstützt.

3 In der zweiten und den weiteren Reihen den Faden immer glatt vor den nächsten Haken legen und die Schlingen der vorigen Reihe mit der Prickelnadel oder einer Häkenadel darüberheben. Beim Stricken den unten heraushängenden Faden bzw. Strickschlauch immer wieder nachziehen. Zum Beenden der Arbeit das Fadenende mit einer Häkelnadel durch alle vier Maschen ziehen.

Material & Hilfsmittel

* Wollreste in verschiedenen Farben, am besten eignet sich glatte Wolle in der Stärke 3 bis 4, zum Beispiel Baumwollgarne, Mischgarne aus Natur- und Synthetikfasern oder Sockenwolle

* Strickliesel mit 4 Haken

* Prickelnadel, Häkelnadel oder Stricklieselnadel

* Sticknadel (stumpf), Maßband, Kinderschere

Tipp

Soll eine neue Farbe angestrickt werden, einfach das Ende des alten und den Anfang des neuen Fadens miteinander verknoten und beim Weiterstricken den Knoten nach innen ziehen.

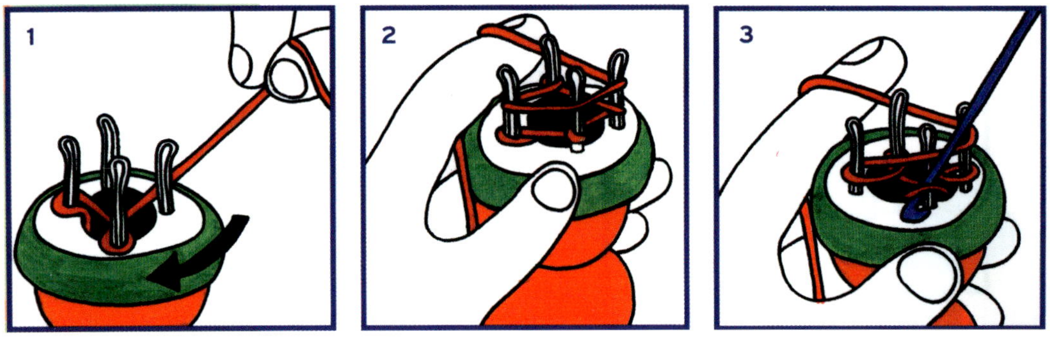

Nähen mit der Hand

Werkzeug & Hilfsmittel

Jede Nähnadel hat ein Nadelöhr – eine kleine Öse, durch die der Faden gefädelt wird. Die Größe des Öhrs variiert, das Garn sollte stets bequem hindurchpassen. Nach dem Einfädeln das lange Fadenende verknoten, damit es beim Nähen nicht durch den Stoff rutscht. Mit Stecknadeln Stoffe aufeinanderheften. So können sie beim Zusammennähen nicht mehr verrutschen. Schere, Lineal, Maßband, Knöpfe und leicht zu entfernende Schneiderkreide sind ebenfalls praktische Hilfsmittel.

Garne

Nähgarn ist dünn und stabil und besteht aus Baumwolle oder Polyester. Unter Sticktwist versteht man einen dicken Faden, der wiederum aus mehreren dünnen Fäden besteht. Mit ihm kann man schöne Ziernähte gestalten. Reihgarn ist ein Baumwollgarn, mit dem schwierige Nähte provisorisch gearbeitet werden. Das Reihgarn wird nach dem „richtigen" Nähen entfernt.

Vorstich/Reihstich

Der einfachste Stich, um zwei Stofflagen miteinander zu verbinden, ist der Vorstich, auch Reihstich genannt. Beim Reihstich wird von oben nach unten und von unten nach oben gestochen. Die Stiche sollten ca. 1 cm lang sein.

Bälle filzen

1 Ein Liter heißes Wasser und 1 Esslöffel Schmierseife in einer Schüssel ansetzen. Eine wasserdichte Unterlage, Noppenfolie, Filzwolle und ein Handtuch bereitlegen. Zuerst den Kern des Balls herstellen: Dazu eine Wollflocke längs rollen und in der Mitte verknoten. Die losen Enden um den festen Kern wickeln. Diesen kleinen Ball in die warme Seifenlauge tauchen.

2 Nun Wollflocke für Wollflocke kreuzweise auflegen, dabei den Ball ständig drehen und nach jeder neuen Flocke in die handwarme Lauge tauchen. So lange fortfahren, bis der Kern die gewünschte Größe erreicht hat.

3 Im nächsten Schritt farbige Filzwolle auflegen, damit der Ball bunt wird: Farbige Wollfasern auszupfen, mit etwas Lauge beträufeln (darauf achten, dass das Wasser noch warm ist!), um den Kern legen, sanft drücken und glattstreichen. Den Ball nicht mehr ganz in das Wasser tauchen, weil sich das gelegte Muster sonst verformen könnte.

4 Den Ball nun zwischen den Handflächen immer stärker rubbeln und reiben. Durch die Feuchtigkeit, die Wärme und das Reiben verbinden sich die Wollfasern zu einem festen Filz. Zwischendurch immer wieder mit Lauge besprengen. Fühlt sich der Ball fester an, kann er auf der Noppenfolie gerollt werden. Zum Schluss den Ball gründlich mit klarem Wasser (und etwas Essig) ausspülen, ausdrücken und trocknen lassen.

Sockenmäuse

Material

- Ausgediente, gewaschene Socken oder Strümpfe
- Watte oder weitere Socken zum Füllen
- Bastelfilzreste, z. B. in Rosa, Hellblau
- Wollrest in Weiß
- Jeweils 2 Knöpfe oder Holzperlen
- Je 1 Wattebausch in Rosa, z. B. Kosmetikwattebausch

Vorlage 21

Seite 144

1 Die Socken mit Watte oder anderen ausgedienten Socken ausstopfen. Hinter der Ferse zweimal mit je einem Wollfaden abbinden, das ist der Schwanz.

2 Die Ohren frei oder nach Vorlage 21 aus Filz ausschneiden. Die Kreise wie angegeben einschneiden und der Abbildung entsprechend leicht kegelförmig zusammenfügen. Die Ohren links und rechts oben auf die Socken kleben.

3 Knöpfe oder Holzperlen als Augen anbringen. Für die Schnauzhaare etwa 12 cm lange Wollfäden zuschneiden und aufkleben. Darüber einen rosafarbenen Wattebausch als Nase platzieren.

Spielidee für drei Spieler

An die Schwänze der Mäuse jeweils einen mindestens 1 m langen Wollfaden binden und jedes Fadenende an einen kurzen Stock, z. B. von einem Ast, knoten. Ein Kind ist der Schiedsricher, die anderen beiden nehmen sich einen der Stöcke. Auf Kommando des Schiedsrichters fangen die Spieler an, den Faden so schnell wie möglich auf den Stock zu wickeln. Gewonnen hat, wer zuerst den Faden zu Ende gewickelt hat und die Maus in der Hand hält.

Maus & Igel

Material

- Bastelfilz in Rot, Grau
- Bastelfilzreste in Weiß, Schwarz
- Biegeplüsch in Schwarz
- Perlen in Schwarz, 2 mm Ø
- Perle in Rot, 4 mm Ø
- Wolle in Grau-Braun, meliert
- Schafwolle oder Füllwatte
- Zwirnfaden in Schwarz

Vorlagen 22, 23

Seiten 145, 146

Maus

1 Körperform, Ohren und Herz nach der Vorlage 22 ausschneiden und die Naht an der Unterseite schließen. Ohren am Einschnitt übereinanderschieben, bis sich eine Tüte bildet. Zwei Filzohren und zwei schwarze Perlen als Augen annähen.

2 Schwarzen Biegeplüsch, etwa 30 cm lang, bis ins Schnäuzchen schieben, festnähen. Zwirnfäden als Barthaare gleich mit annähen. Den Schwanz am Körperende mit wenigen Stichen noch einmal fixieren.

3 Die beiden Herzen zusammennähen. Vor dem Zunähen etwas Schafwolle und den Biegeplüsch-Schwanz zwischen die Lagen geben. Das Köpfchen der Maus mit Schafwolle ausstopfen. Zum Spielen Zeige- und Mittelfinger als Füßchen durch die Schnitte an der Unterseite stecken.

Igel

1 Körperform, Schnäuzchen und Augen nach der Vorlage 23 ausschneiden und die Naht an der Unterseite schließen. Schnäuzchen und die Augen aufkleben. Perlen als Augen und Nasenspitze annähen.

2 Mit melierter Wolle Fransen als Stacheln anknoten: Wollfaden, etwa 10 cm lang, zur Hälfte legen, die entstandene Schlinge durch eine Nadel ziehen. Das Garnteil mit der Schlinge länger ziehen als die beiden Fadenenden, die zur anderen Seite des Nadelöhrs herabhängen. Die Nadel durch Filz ziehen, bis die Fadenenden durch den Filz durch sind, die Schlinge aber noch sichtbar ist.

3 Die Nadel mit den Fadenenden wieder zur Stoffoberfläche bringen und durch die Schlinge ziehen, bis sich die Schlinge um die Fadenenden schließt. Die Fadenenden auf die gewünschte Länge schneiden.

Hundeleine

Material

- Baumwollgarn, je 50 g in Gelb, Blau und Grün
- Strickliesel mit 4 Haken
- Häkelnadel Nr. 2 - 3
- Wollnadel (mit großem Nadelöhr)
- Karabinerhaken in Türkis, 5 cm
- Kinderschere

1 Nach der Grundanleitung auf Seite 57 mit der Strickliesel drei Strickschläuche anfertigen: Jeweils einen gelben und einen grünen mit 230 cm Länge und einen blauen mit 234 cm Länge.

2 Den blauen Strickschlauch an einem Ende etwa 2 cm umschlagen, sodass eine Schlaufe entsteht. Die Schlaufe zusammennähen und einen Karabinerhaken einhängen.

3 Die Strickschläuche nebeneinanderlegen, den blauen in die Mitte, damit die Schlaufe vorsteht. Die Enden zusammennähen.

4 Die drei Strickschläuche mit einem Faden fest zusammenbinden und zu einem Zopf flechten (siehe Zeichnungen).

5 Den Zopf am Ende wieder mit einem Faden zusammenbinden, für den Griff etwa 10 cm umschlagen und den Griff an der Leine festnähen. Die fertige Hundeleine ist ungefähr 175 cm lang.

Mit Jakob

Eierwärmer

Material

- Je 1 Knäuel Baumwollgarn in Dunkelblau, Hellgrün, Pink und Rot
- Etwas Schurwolle in Weiß
- Stopfei
- Strickliesel mit 4 Haken
- Häkelnadel Nr. 2 – 3
- Wollnadel (mit großem Nadelöhr)
- Kinderschere

1 Für jeweils einen Eierwärmer nach der Grundanleitung auf Seite 57 einen 90 cm langen Strickschlauch mit der Strickliesel anfertigen.

2 Den Schlauch jeweils in Form einer Spirale legen (siehe Zeichnung) und so von unten nach oben zusammennähen.

3 Am besten geht das mit einem Stopfei: Zuerst eine Reihe um das Ei legen (nicht zu fest) und Stück für Stück mit der zweiten Reihe zusammennähen.

4 Auf diese Weise den Strickschlauch Runde um Runde mit lockeren Stichen zusammennähen, dabei die Form des Eierwärmers immer wieder an das Stopfei anpassen.

5 Für den weißen Bommel einige 6 cm langen weißen Wollfäden in der Mitte abbinden, die Fäden von der Mitte aus nach oben ziehen, auf die Spitze des Eierwärmers setzen und innen annähen.

Pompon-Herzen

Material

- Wollreste in Orange, Rot, je 50 g
- Mobile-Stern aus Holz, 33 cm
- Satinband in Rot, Orange, 3 mm breit

1 Zuerst runde Pappschablonen mit einem Durchmesser von 5,5 cm selbst anfertigen oder die Schablonen eines Pompon-Sets verwenden.

2 Nach der Grundanleitung auf Seite 56 je neun Pompons in Rot und Orange anfertigen, also insgesamt 18 Pompons.

3 Für jeweils ein Herz immer drei Pompons gleicher Farbe fest zusammennähen, dabei zwei Pompons nebeneinander und einen mittig darunternähen.

4 Die drei zusammengenähten Pompons nun so zuschneiden, dass eine Herzform entsteht, dabei bilden die beiden oberen Pompons die Herzrundungen, der untere Pompon die Herzspitze.

5 Oben in der Herzvertiefung jeweils ein Satinband in der entsprechenden Farbe befestigen.

6 Die Herzen in unterschiedlichen Längen (15 bis 40 cm) am Holz-Mobile anknoten (neben jede Abschlusskugel). Die Fadenenden zu einer Schleife binden. Einen Aufhängefaden ergänzen.

Gruselige Spinnen

Material

Blaue Spinne

- Wolle (Synthetik), Ndl. 3 - 3,5:
  - 6 g in Violett
  - 3 g in Hellblau
- 3 g Baumwolle in Blaugrau, Ndl. 3 - 4
- Chenilledraht in Ultramarinblau
- 2 Holzperlen in Schwarz, 6 mm Ø

Schwarze Kreuzspinne

- Wolle (Synthetik), Ndl. 3 - 4:
  - 10 g in Schwarz
  - 2 g in Grau
- Chenilledraht in Schwarz
- 2 Holzperlen in Grün, 6 mm Ø

Vorlagen 24, 25
Seite 157

Blaue Spinne

1 Für den Körper nach der Vorlage 24 einen Wollpompon herstellen (Grundanleitung Seite 56). Die ovale Pappschablone doppelt zuschneiden und mit einer Runde der violetten Wolle beginnen. Es folgen zwei Runden in Blaugrau.

2 Vier 25 cm lange Chenilledrahtstücke, die jeweils zu einem gleichschenkligen „V" gebogen sind, als Beine an den markierten Stellen mit einarbeiten und mit zwei Runden in Hellblau fixieren. Zuletzt zwei bis drei Runden mit der violetten Wolle wickeln, bis das Loch in der Mitte vollständig gefüllt ist. Den Pompon fertigstellen.

3 Den Kopf ganz aus violetter Wolle herstellen und dann mit dem Körper verbinden. Die Beine in die richtige Spinnenbeinform biegen (vgl. Foto) und als Augen zwei grüne Holzperlen fixieren.

Schwarze Kreuzspinne

1 Für den Körper wie bei der blauen Spinne eine doppelte Pappschablone zuschneiden (Vorlage 25) und einen Wollpompon anfertigen: Zuerst zwei Reihen mit der grauen Wolle in Abschnitt I wickeln. Dann den übrigen Teil der Pappschablone mit zwei Reihen schwarzer Wolle umwickeln. Die folgende schwarze Reihe auch über die grau gewickelte Wolle setzen und nur den Bereich II freilassen. In diesen kleinen Abschnitt nun fünf Reihen grauer Wolle übereinanderwickeln.

2 Nun wieder vier schwarze Reihen arbeiten und dabei vier 25 cm lange, schwarze Chenilledrahtstücke an den markierten Stellen mit einarbeiten. Zuletzt noch etwa drei schwarze Runden auch über den grauen Abschnitt II wickeln, bis das Loch der Pappschablone ganz gefüllt ist.

3 Den Kopf ganz in Schwarz herstellen und die Kreuzspinne dann wie die blaue Spinne fertigstellen.

Farbige Ketten

Material

Für alle Ketten

- Filzwollereste (Vlieswolle) in verschiedenen Farben
- Schmierseife/heißes Wasser
- Lange, dünne Stopfnadel
- Evtl. Sticknadel

Kunterbunte Kette

- Etwas Vlieswolle in Gelb, Orange, Hellgrün, Grün, Rosa, Magenta, Pink, Türkis
- Elastikfaden in Gold, 0,4 mm Ø

Kette in Blau

- Etwas Vlieswolle in Blau
- Elastikfaden in Blau, 1 mm Ø
- 4 geschliffene, transparente Glasperlen
- 6 kleine Perlen in Blautönen

Kette in Rosa

- Etwas Vlieswolle in Rosa, Pink und Magenta
- Elastikfaden in Rot, 0,4 mm Ø
- 26 Rocailles in Rosa, 2 - 3 mm Ø

1 Als Perlen für diese Ketten kleine runde und längliche Kügelchen filzen: Zuerst nach der Grundanleitung auf Seite 59 den Arbeitsplatz vorbereiten und in einer Schüssel die Schmierseifenlösung ansetzen. Für ein Kügelchen etwa faustgroße Flocken farbiger Wollfasern auszupfen, in der Mitte zusammendrehen, die Enden darüberlegen und wieder verdrehen.

2 Das Kügelchen in die heiße Lauge tauchen, dann sanft drücken und drehen. Diesen Vorgang so lange wiederholen, bis sich die Wolle verbindet, also verfilzt. Die Filzkugel zwischen den Handflächen immer stärker rubbeln und reiben. Zum Schluss mit klarem Wasser ausspülen und trocknen lassen.

3 Für die bunte Kette etwa 22 farbige Filzperlen mit unterschiedlichem Durchmesser anfertigen. Nach dem Trocknen die Filzperlen mit einer langen Nadel auf einen goldenen Faden in der gewünschten Länge fädeln, die Fadenenden verknoten.

4 Für die blaue Kette eine große runde Perle in Blau filzen. Nach dem Trocknen diese Perle als Mitte auf einen blauen Elastikfaden ziehen und zu beiden Seiten jeweils zwei Glasperlen sowie drei kleine blaue Perlen auffädeln.

5 Für die rosafarbene Kette eine große und zwei kleine Perlen in Pink sowie vier längliche Perlen in Rosa anfertigen und abwechselnd mit den Rocailles auf einen roten Elastikfaden fädeln.

Obst & Gemüse

Material

- Bastelfilz in Gelb, Rot, Pink, Lila, Grün
- Kleine Knöpfe
- Füllwatte
- Filzstifte
- Stecknadeln
- Nähnadel
- Sticktwist in Grün, Gelb, Rosa, Lila, Braun
- Schere
- Bleistift
- Transparentpapier

Vorlagen 26 - 31
Seiten 147 - 149

1 Zuerst die einzelnen Frucht-Vorlagen jeweils auf den Bastelfilz übertragen, dazu am besten eine Schablone anfertigen: Die Umrisse des Motivs (Vorlagen 26 – 31) mit einem Bleistift auf Transparentpapier pausen, die Zeichnung auf dünnen Karton kleben und die Form ausschneiden. Die Schablone auf den Filz legen, mit einem Bleistift die Umrisse umfahren und die Form ausschneiden. Jede Frucht doppelt zuschneiden, Apfelstiele und Blattgrün nur einmal. Das Blattgrün für die Karotte mit der Schere einschneiden und zusammenrollen.

2 Jeweils zwei Filzzuschnitte passgenau übereinanderlegen und die Blättchen an der oberen Kante platzieren. Apfelstiele und das Blattgrün der Karotten zwischen die zwei Filzlagen stecken. Alle Teile mit Stecknadeln fixieren. Sticktwist in passender Farber durch die Nähnadel fädeln und die Früchte mit einem Reihstich (siehe Seite 58) rundherum bis auf eine etwa 8 cm breite Öffnung zusammennähen. Füllwatte in die Filzfrüchte stopfen und die Naht schließen. Die Fadenenden auf der Rückseite sorgfältig verknoten. Auf das Blattgrün der Tomate noch jeweils einen Knopf annähen.

Knopf annähen

Mit der Nadel von unten nach oben durch den Stoff und das erste Knopfloch stechen, danach von oben nach unten in das gegenüberliegende Knopfloch. In der gleichen Weise auch mit dem dritten und vierten Knopfloch verfahren. Diesen Vorgang drei Mal wiederholen, dabei den Knopf mit etwas Abstand zum Stoff annähen. Abschließend den Faden zwischen Knopf und Stoff wickeln. Zuletzt auf die Stoffunterseite stechen und den Faden vernähen.

Obst
mein Obst

Freundschaftsbänder

Material

- Baumwollgarn
- Klebeband

Abb. 1

Abb. 2

1 Pro Band sechs Fäden, je 100 cm lang, zuschneiden. Die Bänder dicht nebeneinander auf den Tisch legen und mit einem Stück Klebeband kurz vor der Tischkante festkleben, dabei etwa 20 cm nach hinten auslaufen lassen. Diese Fäden ebenfalls festkleben, damit sie beim Knüpfen nicht verrutschen. Aus ihnen wird später der Verschluss geflochten.

2 Mit der ersten Reihe beginnen: Den zweiten Faden (von links) in die linke Hand nehmen, dies ist der Leitfaden. Mit dem ersten Faden, dem Knüpffaden, einen Knoten, auch Rippenknoten genannt, knüpfen, dabei die Schlaufe über den Leitfaden legen! Den Faden schräg nach rechts oben ziehen und den Knoten dicht an das Klebeband schieben. Danach einen zweiten Knoten auf den Leitfaden setzen.

3 Nun den Leitfaden wechseln: Den ersten Leitfaden nach links legen, den nächsten Faden in die linke Hand nehmen (Abbildung 1). Wie schon beschrieben, mit dem Knüpffaden zwei Rippenknoten auf diesen Leitfaden knüpfen. Auch diesen Leitfaden nach links legen und wiederum den nächsten Faden in die Hand nehmen (Abbildung 2). Zwei Rippenknoten daraufsetzen und so die Reihe zu Ende knüpfen. Die Knoten immer bis zum Klebeband schieben, sodass eine waagerechte Knotenreihe entsteht.

4 Alle Fäden gleichmäßig glatt nach unten ziehen und die nächste Reihe knüpfen. Jetzt liegt der ursprünglich zweite Faden vorne und ist der Knüpffaden. Diese Reihe genauso wie die erste bis zum Ende mit diesem Faden knüpfen. In dieser Weise Reihe für Reihe knüpfen, bis das Band um das Handgelenk passt. Das Band immer wieder gerade ziehen und darauf achten, dass der Leitfaden immer gespannt ist.

5 Die Enden miteinander verflechten, dazu jeweils drei Fäden nehmen. Die Enden verknoten, damit sie nicht aufgehen. Das Armband mit jeweils zwei geflochtenen Enden um das Handgelenk knoten.

Basteln mit Naturmaterial

Sammeln

Nur Pflanzenteile sammeln, die von den Pflanzen im Herbst abgeworfen werden: Blätter, Früchte, Zapfen. Zweige bitte nicht vom Baum reißen, sondern herabgefallene oder solche vom Herbstschnitt verwenden. Wer sich nicht ganz sicher ist, welche Beeren giftig (z. B. Eibe, Ilex) oder ungiftig (Sauerdorn) sind, nimmt lieber farbige Holzperlen. Pflanzen, die unter Naturschutz stehen, dürfen nicht verwendet werden.

Trocknen und pressen

Die Blätter ohne Überlappungen zwischen Zeitungspapier legen, mit Büchern beschweren und einige Tage an einem nicht zu warmen Platz trocknen. Ungepresste Blätter wölben sich beim Trocknen, das kann für manche Basteleien auch sehr schön aussehen. Zapfen, Früchte und andere Materialien sind meist etwas feucht und werden – auf einer Zeitung ausgebreitet – an einem kühlen Ort getrocknet. Naturmaterial nicht über der Heizung trocknen, dann schrumpft es schnell und wird mürbe.

Hilfsmittel

Bleistift, roter Buntstift, wasserfester, schwarzer Filzstift, Schere, Locher, Kastanienbohrer, Transparentpapier, Tonkartonreste, Klebstoff.

Aufbewahren

Zum Aufbewahren die Materialien am besten ausgebreitet in Schuhkartons legen. Achtung: Die Materialien nicht übereinanderlegen oder in einer Plastiktüte aufbewahren, denn dabei kann sich Schimmel bilden.

Kleben

Vor dem Kleben die Anordnung der Teile ausprobieren. Zum Kleben eignen sich Bastelkleber, Alleskleber und Holzleim. Flache Teile mit Wäscheklammern fixieren. Plastische Figuren auf die Arbeitsfläche setzen und mit anderen Materialien abstützen.

Vorlagen

Motiveinzelteile, die aus Tonkarton oder Filz zugeschnitten werden sollen, sind auf den Vorlageseiten hinten im Buch in Originalgröße abgebildet. Die meisten Vorlagen werden mehrfach benötigt, deshalb zunächst eine Schablone herstellen. Die Umrisse der Vorlage auf Transparentpapier abpausen, auf einen Tonkartonrest kleben und ausschneiden. Die Schablone auf den Tonkarton oder Filz legen, die Umrisse mit Bleistift nachzeichnen und ausschneiden.

Kleiner Naturführer

1 Schoten und Samen des einjährigen Silberblattes 2 Samen der Rosskastanie 3 Stein des Walnussbaums 4 Fruchthülle der Eichel („Eichelhütchen") 5 Fruchtzäpfchen und Blütenkätzchen der Schwarzerle 6 Kürbis- und Melonensamen 7 Douglasienzapfen 8 Fichtenzapfen 9 Schwarzkiefernzapfen 10 Bergkiefernzapfen 11 Lärchenzapfen 12 Zapfen der Zypresse 13 Fruchthülle der Buche („Bucheckernhütchen") 14 Feuerdornbeeren, je nach Sorte in Orange oder in Rot 15 Hagebutte, Frucht der Heckenrose 16 Fruchthülle der Haselnuss 17 Getrocknete Kelchblätter von Malven 18 Fruchthülle der Lampionblume 19 Schilfrispe 20 Zweigstücke des Blutroten Hartriegels 21 Blatt vom gefiederten Wein 22 Birkenblätter 23 Blätter des Tulpenbaums 24 Feldahornblätter 25 Bergahornblatt 26 Flügelfrüchte des Ahorns 27 Blätter der Felsenbirne 28 Spitzahornblätter 29 Silberahornblatt 30 Purpur-Fächerahornblatt 31 Eichenblatt 32 Blatt und Eichel einer geschlitzten Eiche 33 Kirschbaumblatt 34 Essigbaumblätter 35 Ginkgoblatt

Segelschiffchen

Material

Floß

- Kleine Zweige
- Walnuss
- Beeren in Rot
- Großes Blatt
- Wolle oder Paketschnur

Rindenschiff

- Baumrinde
- Kleiner Zweig
- Großes Blatt

Kleine Figuren

- Haselnuss
- Eicheln, Eichelhütchen
- Fruchthüllen von Kastanien
- Kleines Blatt
- Bucheckernhütchen
- Samenkapsel (Malve)
- Filzreste
- Zahnstocher
- Filzstift in Schwarz

Vorlage 32
Seite 150

Floß

Für das Floß die Zweige auf 20 cm Länge schneiden, zwei Querriegel auf etwa 12 cm. Mit Wolle oder Paketschnur die längeren Zweige auf die Querriegel binden (einfacher geht es, wenn jemand festhält). Einen dünnen Zweig als Mast zwischen die festgebundenen Zweige stecken und mit Kleber fixieren, das Blatt als Segel aufstecken. Eine Walnusshälfte anbringen und mit Beeren füllen.

Rindenschiff

Mit dem Handbohrer ein Loch für den Mast in die Rinde bohren. Den Zweig an einem Ende anspitzen (Bleistiftspitzer) und in das Loch einkleben. Das Blatt als Segel aufstecken.

Kleine Figuren

Die kleinen Figuren entstehen aus Eicheln und Haselnüssen. Eine Haselnuss oder große Eichel vorbohren und ein Stück Zahnstocher als Hals einstecken. Ein kleines Blatt bzw. eine Samenkapsel auf den Hals stecken oder einen Kragen aus Filz (Vorlage 32) zuschneiden und ankleben. Eine Eichel für den Kopf aufstecken und mit Filzstift das Gesicht aufmalen. Jeweils ein Bucheckern-, Eichelhütchen oder eine Kastanienschale als Kopfbedeckung fixieren. Dem stehenden Männchen halbierte Zahnstocher für Arme und Beine einstecken. Die Figuren auf den Schiffchen befestigen.

Blütenkranz

Material

- Gänseblümchen oder andere Wiesenblumen, wie z. B. Löwenzahn, mit langen Blütenstängeln
- Eventuell dünner Bindfaden

1 Je nach Kopfumfang etwa 20 bis 30 Gänseblümchen mit langen Stängeln pflücken.

2 Ein Gänseblümchen auf den Tisch legen, ein zweites Gänseblümchen neben die erste Blüte legen und den Blütenstängel des zweiten Gänseblümchens um den Stängel des ersten Gänseblümchens schlingen. In dieser Weise fortfahren, bis die richtige Länge erreicht ist (siehe Abbildung).

3 Den Anfang und das Ende des Kränzchens mit einem langen, stabilen Grashalm oder mit einem dünnen Bindfaden verbinden.

Tipp

Man kann auch einfach eine Efeuranke zu einem Kränzchen binden und einzelne Wiesenblumenblüten hineinstecken.

Strandgut-Mobile

Material

- Muscheln in verschiedenen Größen
- Dekofedern in Weiß, Braunmeliert, Schwarz, 5 - 10 cm
- Rindenstückchen
- Exotiche Frucht, getrocknet
- Holzperlen in Rot, 8 mm Ø
- Geglühter Draht
- Ast
- Eventuell Zahnstocher
- Heißkleber (Erwachsene)

1 Den geglühten Draht in der gewünschten Länge doppelt nehmen und die Muscheln, Federn, Holzperlen, Rindenstückchen und die getrocknete Frucht aufkleben, beziehungsweise auffädeln.

2 Da die Muscheln selten kleine Löcher haben, ist es hilfreich, sie mit Heißkleber auf den Draht zu kleben. Um sich nicht zu verbrennen, den Draht mit dem Zahnstocher auf die Muschel drücken, den Zahnstocher vor dem Erkalten des Klebstoffs entfernen, da er sonst mit festklebt.

3 Die Federkiele mit dem Draht fest umwickeln, danach die Klebestelle mit einer kleinen Muschel kaschieren.

4 Wenn die gewünschte Länge erreicht ist, den Draht am Ast befestigen. Zur Aufhängung ebenfalls geglühten Draht verwenden.

Tipp

Um Perlen rutschfest aufzufädeln, den Draht immer zweimal durch die Bohrungen der Holzperlen führen.

Blätter-Eule

Material

- Getrocknete, gepresste Blätter, z. B. von Felsenbirne, Feld- und Spitzahorn, Forsythie
- Gräsersamen
- Kleiner Zweig
- Hagebutte
- Bucheckernhütchen
- Tonkarton in Hellorange
- Tonkartonrest in Gelb
- 2 Wackelaugen, 12 mm Ø
- Filzstift in Schwarz

Vorlage 33
Seite 150

1 Aus Tonkarton nach der Vorlage 33 den Körper, den Schnabel und die Krallen zuschneiden.

2 Die Blätter der Felsenbirne für die Augenmaske in zwei Kreisen überlappend aufkleben.

3 Den Schnabel und die Wackelaugen platzieren, die Einzelheiten des Schnabels aufmalen. Die Gräsersamen auf den Ohrspitzen befestigen.

4 Den Körper mit weiteren Blättern gestalten, zwei Blätter als Flügel von hinten ankleben. Die Krallen fixieren.

5 Die Eule auf einem kleinen Zweig anbringen, eine Hagebutte und ein Bucheckernhütchen befestigen.

Blätter-Memory

1 Tonkarton in 8 x 8 cm große Karten schneiden und gepresste Blätter auf die Karten kleben.

2 Jeweils zwei gleiche Karten anfertigen. Eventuell mit selbstklebender Folie überziehen.

Fröhliche Wichtel

Material

Zapfenwichtel

- Kiefernzapfen (Körper)
- Ahornflügel (Füße)
- Apfelscheibe (Kragen)
- Eichel und Eichelhütchen (Kopf, Hut)

Kastanienwichtel

- Rosskastanie mit Schale (Körper)
- Efeublatt (Kragen)
- Hagebutte (Kopf)

Lampionwichtel oben

- Lampionblume (Körper)
- Eichelhütchen (Fuß)
- Orangenscheibe (Kragen)
- Eichel (Kopf)
- Rosskastanienschale (Hut)

Lampionwichtel unten

- Lampionblume (Körper)
- Eichelhütchen (Fuß)
- Efeublatt (Kragen)
- Hagebutte (Kopf)

Kürbiswichtel

- Zierkürbis (Körper)
- Efeublatt (Kragen)
- Lampionblume (Kopf)
- Buchen-Fruchthülle (Hut)

Anleitung Seite 94

Zapfen-Indianer

Material

- Fichtenzapfen
- Kiefernzapfen
- Eicheln, Eichelhütchen
- Bucheckernhütchen
- Kleine Beeren (Berberitze)
- Kleine Zweige, z. B. vom Blutroten Hartriegel
- Federn
- Bastelfilz in Gelb, Orange
- Tonkarton in Gelb
- Wolle in Schwarz
- Lackstift in Weiß
- Filzstifte in Schwarz, Grün, Rot

1 Für die Fichtenzapfen-Indianer gelben Filz, 3 x 16 cm, zuschneiden und eine lange Seite fransig einschneiden. Den Filz am Stielansatz des Fichtenzapfens zum Kreis legen und ankleben. Das Ende lang hängen lassen und eine Eichel als Kopf befestigen. Den Kiefernzapfen andersherum verwenden. Hier die Eichel vorbohren und auf die oberste Schuppe des Zapfens stecken, den Filzstreifen, 2,5 x 11 cm, etwas tiefer zwischen den Schuppen im Kreis legen, zusammenkleben und den Rest abschneiden.

2 Etwa 10 cm lange schwarze Wollfäden mit einem Faden in der Mitte zusammenbinden (beim hängenden Indianer den Faden als Aufhänger länger lassen) und als Haare am Kopf fixieren. Tonkarton, 1 x 8,5 cm, zuschneiden, das Muster aufmalen, zum Ring zusammenkleben und auf den Kopf stecken. Eine Feder ankleben.

3 Mit weißem Lackstift die Augen malen, mit schwarzem Filzstift die Pupillen und den Mund. Kleine Beeren als Nasen ankleben. Bei den großen Indianern ein Eichelhütchen als Hand fixieren und einen kleinen Zweig als Speer befestigen.

4 Damit der Indianer stehen kann, ein paar Schuppen aus der Spitze des Fichtenzapfens brechen, das Bucheckernhütchen auseinanderbrechen und die Einzelteile als Schuhe (eventuell drei Stück) mit Kleber befestigen.

Kastanienraupen

Material

- Flache Rosskastanien (Körper)
- Jeweils eine Rosskastanie mit hellem Nabelfleck (Kopf)
- Fruchthüllen von Rosskastanien
- Getrocknete Beeren in Rot oder Pfefferkörner (Nasen)
- Getrocknete Rosenblüten
- Bastelfilz in Orange, Hellgrün
- Wackelaugen, 3 mm Ø
- Zackenschere

Vorlage 34

Seite 151

1 Für jede Raupe mit der Zackenschere sechs Filzscheiben nach der Vorlage 34 ausschneiden und leicht überlappend zusammenkleben.

2 Jeweils die Kastanie mit hellem Nabelfleck als Kopf ausgestalten: Wackelaugen aufkleben, Beere oder Pfefferkorn als Nase anbringen und den Mund mit Gelstift aufmalen.

3 Eine halbe Kastanien-Fruchthülle als Hut aufkleben und eventuell noch mit Blütenblättern von Rosen verzieren.

4 Mit der Klebepistole auf jede Filzscheibe eine Kastanie kleben.

Tipp

Damit die Stacheln der Kastanien beim Basteln nicht pieksen, sollte man die Hände mit guten Gartenhandschuhen schützen. Sie sind zum Beispiel – auch in Kindergrößen – in den Gartenabteilungen von Baumärkten erhältlich.

Haselnussmännchen

Material

- Walnüsse
- Haselnüsse
- Bastelfilz in Gelb, Orange, Pink, Rot, Grün
- Filz- oder Gelstifte in Weiß, Rot, Schwarz
- Zackenschere
- Heißkleber
- Nylonfaden oder Wollfaden
- Spitze Nadel
- Eventuell Tannenzweige

Vorlage 35
Seite 151

1 Jeweils eine Haselnuss mit Heißkleber auf eine Walnuss kleben. Mit Filz- oder Gelstiften in Weiß, Schwarz und Rot das Gesicht aufmalen.

2 Die Zipfelmützen aus Filz nach der Vorlage 35 zuschneiden, den unteren Rand mit der Zackenschere abschneiden. Die Mützen jeweils mit etwas Klebstoff zusammenkleben und auf dem Kopf befestigen.

3 Aus Filz in den entsprechenden Farben schmale Streifen, etwa 0,5 mal 10 cm, abschneiden und als Schals umbinden. Durch die Spitze der Zipfelmütze einen Nylonfaden oder einen Wollfaden ziehen und die Nussmännchen an einen Zweig hängen.

Fröhliche Wichtel

Abbildung und Materialangaben Seite 88/89

Zapfenwichtel: Den Zapfen umdrehen und Ahornflügel als Füße ankleben. Eine getrocknete Apfelscheibe als Kragen aufkleben und darauf eine Eichel mit Hut anbringen.

Kastanienwichtel: Die Kastanie in der Schale lassen und mit Klebstoff fixieren. Ein Efeublatt als Kragen und eine Hagebutte als Kopf aufkleben.

Lampionwichtel: Auf die flache Seite einer Lampionblume entweder ein Efeublatt oder eine getrocknete Orangenscheibe als Kragen aufkleben. Als Kopf eine Hagebutte bzw. eine Eichel verwenden. Kastanienschale als Hut auf der Eichel fixieren. Jeweils das spitze Ende des Lampions auf ein Eichelhütchen kleben und dabei vorsichtig eindrücken.

Kürbiswichtel: Ein Efeublatt als Kragen auf den Kürbis kleben. Darauf eine Lampionblume als Kopf befestigen und die Buchen-Fruchthülle als Hütchen platzieren.

Bei allen Wichteln Augen und Münder mit einem Filzstift aufmalen.

Lichterkränze

Material

- Kastanien
- Lampionfrüchte
- Nigellakapseln
- Wickeldraht, 0,65 mm Ø
- Windlichter
- Teelichter
- Vorstecher
- Kastanienbohrer

1 Die Kastanien durchbohren, dabei einen Kastanienbohrer verwenden. Am besten lassen sich frische Kastanien durchbohren, da sie noch weich sind.

2 Abwechselnd Nigellakapseln und Kastanien oder Lampionfrüchte und Kastanien der Abbildung entsprechend auf Draht fädeln. Die Drahtlänge richtet sich nach dem Umfang des Windlichts.

3 Einen Kranz formen und die Drahtenden fest zusammendrehen. Ein kleines Windlicht hineinstellen.

Tipp

Wer viele Kastanien gesammelt hat und sie nicht gleich zum Basteln verwendet, kann sie problemlos in der Gefriertruhe aufbewahren. Sie lassen sich nach dem Auftauen wie frische Kastanien verwenden.

Holz & Laubsägearbeiten

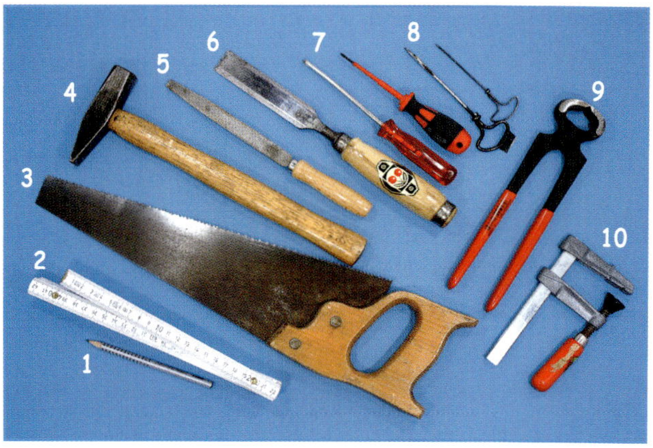

Das Holz

* Für die hier gezeigten Modelle werden vorwiegend Reste von Sperrholz, Massivholz und verschiedenen Holzleisten verwendet. Die Angaben in den Materiallisten dienen als Richtwerte und können je nach vorhandenem Material variiert werden. Preiswerte Holzreste sind beim Tischler oder in Baumärkten erhältlich.

* Äste und Zweige vom letzten Baumschnitt sollten einige Zeit trocken lagern, damit nicht mehr zu viel Feuchtigkeit im Holz ist.

Hilfsmittel

* Bleistift, Transparentpapier und Kohlepapier zum Übertragen von Vorlagen

* Schmirgelpapier (Körnung 100 – 150)

* Nägel, Holzschrauben und wasserfester Holzleim für die Ausarbeitung der Modelle

* Flachpinsel Nr. 12 und feinere Pinsel Nr. 6 für die Bemalung

Werkzeug

1 Bleistift, 2 Zollstock, 3 Fuchsschwanz (Laubsäge siehe Seite 101), 4 Hammer, 5 Holzfeile, 6 Stecheisen, 7 Schraubendreher (Kreuz- und Schlitzdreher), 8 Handbohrer (Nagelbohrer), 9 Kneifzange, 10 Schraubzwinge

Vorlagen auf Holz übertragen

Die Vorlage mit Transparentpapier und Bleistift von den Vorlagseiten hinten im Buch abpausen. Die Zeichnung so auf das Material legen, dass gerade Motivkanten an der Holzkante liegen (spart einen Sägeschnitt). Einen Bogen Kohlepapier dazwischenschieben und mit Heftzwecken fixieren. Alle Linien noch einmal nachzeichnen. Die Maße der Skizzen mit Lineal und Bleistift auf das Holz übertragen.

Sägen mit dem Fuchsschwanz

Das Holz mit einer Hand gegen die hintere, hochstehende Kante drücken oder mit einer Schraubzwinge befestigen. Der angewinkelte Daumen dient der Säge als zusätzliche Führung, damit der Sägeschnitt gerade wird. Beim Sägen anfangs nur wenig Druck ausüben, bis sich eine leichte Rille im Holz gebildet hat, dann mit etwas mehr Druck sägen.

Holzverbindungen mit Leim

Am einfachsten lassen sich Holzteile mit Holzleim verbinden. Dazu die Flächen, die verbunden werden sollen, dünn mit Leim bestreichen und fest zusammendrücken. Mit einer Schraubzwinge zusammenpressen. Damit die Schraubzwinge keine Druckstellen hinterlässt, noch Holzreste dazwischenschieben.

Holzverbindungen mit Nägeln

Manchmal eignen sich Nägel besser, um Holzteile miteinander zu verbinden. Die Länge der Nägel richtet sich nach der Stärke der Holzteile. Am besten die Holzstücke so aufeinanderlegen, wie sie verbunden werden sollen, und den Nagel zur Probe auflegen. Der Nagel muss so lang sein, dass er durch das Stück, das befestigt werden soll, hindurchgeht und bis weit in das darunterliegende Holz hineinführt.

Hilfsmittel

Schräge Schnitte

Für schräge Sägeschnitte im 45°-Winkel aus einem Holzrest ein Dreieck sägen. Das Dreieck auf das Holz legen und die Kante als Sägeführung benutzen, dabei das Holzbrett und das Dreieck mit der Hand gegen die hintere Kante der Sägehilfe drücken.

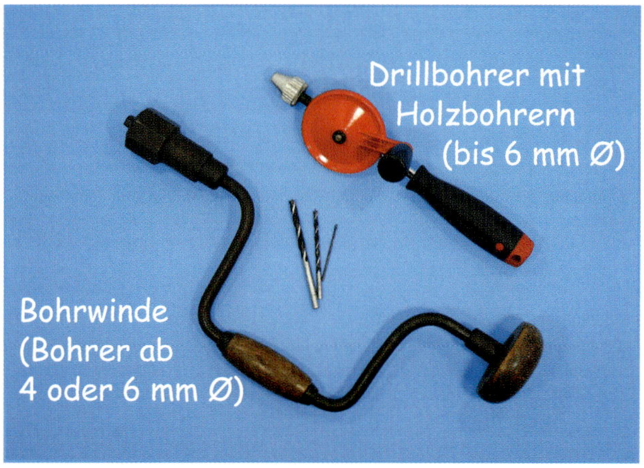

Bohrwinde und Drillbohrer

Holzbohrer in verschiedenen Durchmessern erkennt man an der Spitze. Das Holz mit einer Schraubzwinge auf der Arbeitsfläche befestigen, bei durchgehenden Bohrungen einen Holzrest unterlegen. Um den Holzbohrer einzusetzen, das „Futter", in dem die Greifbacken sitzen, aufdrehen, den Bohrer mit dem glatten Schaft hineinstecken und das „Futter" fest zudrehen.

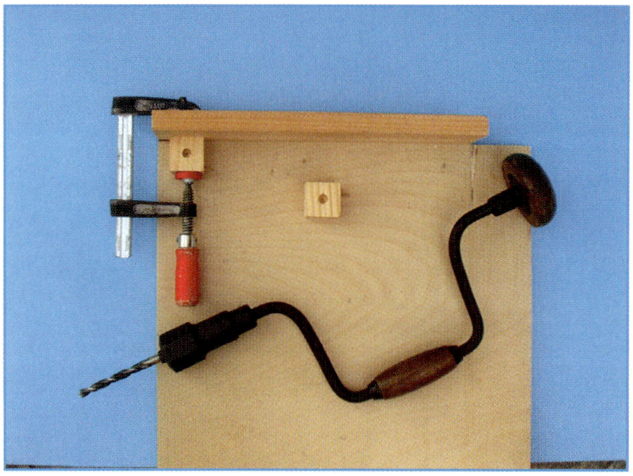

Bohren und schmirgeln

Den Bohrer senkrecht aufsetzen. Mit einer Hand am Griff festhalten, mit der anderen Hand drehen, dabei das Bohrgerät ruhig halten. Beim Herausziehen des Bohrers weiterdrehen, jedoch in die andere Richtung. Alle Kanten und Bohrungen glätten. Für grobe Kanten die Holzraspel oder Holzfeile verwenden, für feinere das Schleifpapier benutzen, dabei von der Fläche zur Kante hin arbeiten.

Sägen

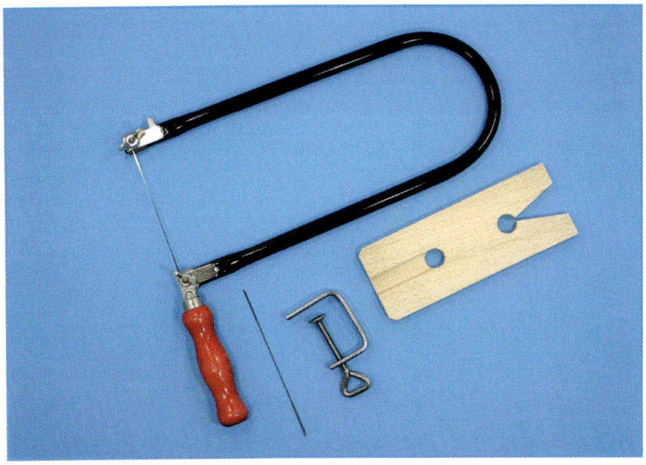

Die Laubsäge

Grundausstattung: Laubsägebogen, Sägetischchen, Sägeblätter. Das Sägeblatt mit den Zacken nach unten, vom Sägebogen wegzeigend einsetzen. Die Flügelschrauben etwas lösen, das Sägeblatt zwischen die Metallplättchen stecken und die Schrauben festdrehen, dabei den Sägebogen etwas zusammendrücken. Das Sägeblatt so spannen, dass es bei Gegendruck leicht nachgibt.

Vorbereitung

Das Sägetischchen mit der Schraubklemme am Arbeitstisch befestigen. Dazu das abgeflachte Ende der Schraubklemme durch das hintere Loch des Sägetischchens führen. Beim Sägen wird das Sägeblatt innerhalb des vorderen Lochs auf- und abbewegt, dabei wird das Holz langsam weitergeschoben.

Aussägen der Motive

Das Holz mit einer Hand auf dem Sägetischchen festhalten, mit der anderen Hand den Laubsägebogen führen. Die Säge auf- und abbewegen, dabei nur leichten Druck gegen das Holz ausüben. Beim Sägen von spitzen Winkeln oder engen Kurven den Sägespalt auf der Stelle erst etwas breiter sägen, dann das Holz langsam in die neue Richtung drehen, damit das Sägeblatt nicht reißt.

Lustige Marionetten

Material

- Äste in verschiedenen Stärken
- Krampen, 2 x 20 mm
- Paketschnur
- Wasserfester Filzstift in Schwarz
- Handbohrer, 3 mm Ø
- Fuschsschwanz
- Holzleim

1 Von einem dicken Ast ein etwa 12 cm langes Stück für den Körper absägen. Den Kopf (6 cm) und vier Beine (je 8 cm) von dünneren Ästen zurechtsägen, zusätzlich ein Griffstück von 15 cm Länge. Die Krampen mit dem Hammer in das Holz schlagen: am Kopf unten eine für den Hals und oben für die Aufhängung. Am Körper eine Krampe für den Hals einschlagen, am anderen Ende für die Aufhängung und auf der Unterseite vier für die Beine.

2 Mit dem Handbohrer in je ein Ende der Beine ein Loch bohren. Kopf und Körper mit Schnur an den Krampen zusammenbinden. Für die Beine je ein Stück Schnur an die Krampen knoten und die Enden in die Bohrungen der Beine kleben. Zwei lange Stücke Schnur an das Griffstück binden und die Enden an Kopf und Körper knoten.

3 Zwei kleine Zweigstücke als Geweih am Kopf anbringen. Dafür mit dem Handbohrer vorbohren und die Stücke mit Leim einkleben. Ein Büschel Schnur als Schwanz an die hintere Krampe knoten.

Tipp

Auf diese Weise lassen sich viele verschiedene Figuren herstellen.

Wasserrad

Material

- Sperrholz, 5 mm, 8,5 x 60 cm
- Holzleiste, 1,5 x 4,5 cm, 52 cm
- Holzleiste, 1,5 x 2 cm, 40 cm
- Vierkantholz, 3,5 x 3,5 cm, 8,5 cm
- Nägel, 2,5 cm
- 2 Nägel, 8 cm
- 2 Krampen, 2 x 20 mm
- Acrylfarben in Weiß, Gelb, Rot, Blau, Grün, Flieder, Schwarz
- Fuchsschwanz
- Schmirgelpapier

Vorlagen 36, 37

Seite 151

1 Nach der Grundanleitung auf Seite 98/99 die Holzleisten mit dem Fuchsschwanz in je zwei gleich lange Teile sägen und bei den breiten Leistenstücken je ein Ende spitz arbeiten. Die Leisten laut Vorlage 36 zu einem Gestell zusammensetzen.

2 Das Sperrholz in vier Stücke von 8,5 x 15 cm sägen. Die Sperrholzteile auf den Flächen des Vierkantholzes aufnageln (Vorlage 37). In die Stirnseiten die 8-cm-Nägel etwa 2 cm tief einschlagen.

3 Zunächst eine Krampe in die obere Kante einer Leiste am Gestell halb einschlagen (dazu am besten ein dickes Holzstück unter die Querleisten legen), dann das Schaufelrad einlegen und die zweite Krampe auf der anderen Seite anbringen. Das Wasserrad bemalen.

Tipp

Damit das Wasserrad fest im Bachbett steht, dicke Kieselsteine um die Holzstücke legen.

Katz & Maus

Material

Für beide Modelle

- Laubsäge
- Schmirgelpapier
- Rundholz, 8 mm Ø, 9 cm
- Bohrer, 8 mm Ø
- Schrauben oder Doppelklebeband, extrastark

Katze

- Leimholz, 1 cm stark, 16 x 8 cm
- Acrlylfarben in Orange, Kirschrot, Pink, Hellblau, Weiß

Maus

- Leimholz, 1 cm stark, 15 x 10 cm
- Acrylfarben in Zartblau, Mittelblau, Gelb, Rot, Pink, Weiß

Vorlagen 38, 39

Seite 152

1 Nach der Grundanleitung auf Seite 98/99 die Vorlagen für die Katze und die Maus auf das Holz übertragen.

2 Die Figuren aussägen (Grundanleitung Seite 102) und anschließend alle Kanten sorgfältig mit Schleifpapier glätten.

3 An den markierten Stellen jeweils ein Loch bohren. Hierbei sollten Erwachsene helfen.

4 Für die Haken das Rundholz in drei Teile von jeweils 3 cm Länge sägen. Diese Rundhölzchen nun vorsichtig mit dem Hammer in die Bohrlöcher schlagen.

5 Die beiden Figuren mit Acrylfarben der Abbildung entsprechend oder nach eigenen Vorstellungen bunt bemalen. Die Gesichter mit Acrylfarben gestalten.

6 Die Holztiere mit Schrauben oder mit extrastarkem Doppelklebeband an der Wand befestigen.

Kleine Schiffe

Material

Für beide Modelle

- Laubsäge
- Holzleim
- Schmirgelpapier

Segelschiff

- Bretter, 18 mm:
  19 x 35 cm, 8 x 9 cm
- 2 Holzleisten, je
  2 x 3,5 cm, 9 cm lang
- Rundholz, 10 mm Ø, 30 cm
- Nägel, 2,5 + 3,5 cm
- Stoffrest, 26 x 26 cm
- Wolle in Rot
- Acrylfarben in Gelb, Zartblau, Rot, Lindgrün, Flieder
- Bohrer, 10 mm Ø

Dampfer

- Bretter, 18 mm:
  - 1x 12 x 33 cm
  - 2x 7 x 10 cm
- 2 Holzleisten, 9 cm lang
- Gardinenstangenendstück
- Nägel, 2,5 + 3,5 cm
- Acrylfarben in Weiß, Zartblau, Rot, Schwarz

Vorlagen 40 – 42
Seite 153

1 Die großen Bretter für beide Schiffe laut Vorlage 40 (Segelschiff) und Vorlage 41 (Dampfer) zusägen (Grundanleitung Seite 98/99). Für das Segelschiff die Bohrung für den Mast etwa 1 cm tief ausführen.

2 Für beide Schiffe aus dem übrigen Holz die Aufbauten zusammensetzen, laut Foto und Vorlage 42 befestigen. Die Schiffe mit Acrylfarben bunt bemalen und trocknen lassen.

3 Für das Segelschiff den Stoff diagonal durchschneiden, bemalen und mit einer kurzen Seite an den Mast kleben. Den Mast in die Bohrung leimen. Als Abgrenzung ringsherum Nägel etwa 1 cm tief einschlagen. Einen Wollfaden in zwei Runden um die Nägel wickeln und die Enden verknoten.

Tipp

Ein alter Gardinenring kann als Rettungsring dienen und eine dicke Schraube mit Flügelmutter als Anker.

Lustige Kuh

Material

- Leimholz, 1 cm stark, ca. 20 x 30 cm
- Acrylfarben in Pink, Zinnoberrot, Zartrosa, Hellblau, Hellgrün, Weiß
- Sisalkordel, ca. 19 cm lang
- Dekoband in Rot-Weiß kariert, 1 cm breit, 15 cm lang
- Laubsäge
- Holzleim
- Schmirgelpapier
- Heißkleber

Vorlage 43

Seite 156

1 Nach der Grundanleitung auf Seite 98/99 die Vorlagen für die Kuhbeine und den Kuhkörper auf das Leimholz übertragen.

2 Anschließend die Konturen mit der Laubsäge aussägen und die Kanten sorgfältig mit Schleifpapier glätten.

3 Alle Holzteile mit Acrylfarben bunt bemalen und trocknen lassen. Die Augen, die Nasenlöcher und den Mund ebenfalls mit Acrylfarben aufzeichnen.

4 Die Kuhbeine von vorn auf den Körper leimen. Der Leim muss gut trocknen. Die Sisalkordel als Schwanz am besten mit Heißkleber auf der Rückseite des Körpers befestigen.

5 Zum Schluss den Schwanz nach oben biegen und Dekoband in das Kordelende knoten, damit es nicht ausfranst.

Tipp

Damit der Kantenhocker auch auf abgerundeten Kanten genug Halt findet, am besten zusätzliche Abstandshalter aus Holz zusägen und zwischen Körper und Beinen mit etwas Holzleim anbringen. Darauf achten, dass die Abstandshalter bündig mit der Unterkante des Körpers abschließen.

Windrad

Material

- Sperrholz, 3 mm, 17 x 50 cm
- Vierkantleiste, 2 x 2 cm, 26,5 cm
- Vierkantleiste, 1,5 x 2 cm, 82 cm
- Holzwürfel (Abschnitt einer Leiste), 4,5 x 4,5 cm
- Rundholz, 10 mm Ø, 30 cm
- Stiftnägel, 9 x 13 mm
- Holzschraube, 5 cm
- Holzschraube, 6 cm
- 2 Unterlegscheiben, 16 mm Ø
- Acrylfarben in Goldgelb, Orange, Rot, Flieder, Lindgrün
- Laubsäge
- Schmirgelpapier
- Holzleim
- Bohrer 4, 6 und 10 mm Ø

Vorlagen 44-48

Seiten 154, 155

1 Aus dem Sperrholz vier Flügel (Vorlage 44) und ein Windbrett (Vorlage 45) aussägen (Grundanleitung Seite 98/99). Das Rundholz in vier 7 cm lange Stücke sägen und an jedem Teil ein 2 cm langes Stück abflachen (Vorlage 46). Hierfür ein Stecheisen oder ein Taschenmesser verwenden, dabei mit der Klinge immer vom Körper weg arbeiten!

2 Die Flügel mit Stiftnägeln und Leim auf den abgeflachten Stellen befestigen (Vorlage 47). Den Holzwürfel bohren (Vorlage 48). Die Vierkantleisten je an einer Stirnseite für die Schrauben mit 4 mm Ø vorbohren.

3 Die Teile laut Skizze montieren, Querholz und Würfel müssen sich leicht drehen lassen. Die Flügel mit Leim in die Bohrungen einsetzen und alle in gleicher Richtung etwas schräg stellen. Die günstigste Position lässt sich am besten im Wind oder mit einem Föhn testen.

Modellieren mit Fimo

Das Material

Fimo ist eine ofenhärtende Modelliermasse, die es in zwei Ausführungen gibt, als Fimo soft und Fimo classic:

* Fimo soft ist weicher als Fimo classic und hat den Vorteil, dass es nicht geknetet werden muss. Es lässt sich sofort modellieren und bleibt formstabil: eine ideale Modelliermasse für Kinder.

* Fimo classic hat eine festere Konsistenz und eignet sich besonders zum Modellieren von detaillierten und filigranen Figuren. Das Material besitzt eine hohe Formstabilität, man muss es aber vor Gebrauch erst weich kneten. Beide Fimo-Sorten können zusammen verarbeitet und vermischt werden.

* Fimo gibt es in vielen Farben. Ein Block ist jeweils in acht Portionen unterteilt. Diese Einteilung ist hilfreich bei der Einschätzung des Materialverbrauchs. Außerdem erleichtert sie beim Mischen das Portionieren der Farbanteile. Bei Modelliermassen ohne Einteilung können die Blöcke mit einem Lineal ausgemessen werden.

* Angebrochene Packungen sind über Monate haltbar, sollten aber luftdicht eingeschlossen werden, zum Beispiel in Alufolie oder einem Plastikbeutel.

Werkzeuge & Hilfsmittel

Modellierstab, Messer, Ausstechformen, Schaschlikspieß, Zahnstocher, Nudelholz, Kraftkleber, Pinsel, Glasplatte oder Kunststoffbrett als Arbeitsunterlage

Das Härten

Die modellierten Fimo-Modelle auf ein mit Alufolie oder Backpapier ausgelegtes Kuchenblech legen und im Backofen bei 130 °C etwa 20 bis 30 Minuten härten und erkalten lassen, dabei die Hinweise des Herstellers beachten.

Modellieren mit Salzteig

Salzteig färben

Saltteig kann ganz leicht mit Lebensmittelfarbe (gibt es bei den Backzutaten im Supermarkt) gefärbt werden. Einfach den fertigen Teig in mehrere Klumpen teilen. Eine Vertiefung in einen Klumpen formen und eine halbe Tube Lebensmittelfarbe hineindrücken. Den Teig vorsichtig um die Farbe schließen und langsam anfangen zu kneten. Nach und nach dringt die Farbe nach außen. So lange kneten, bis ein durchgefärbter Teigklumpen entsteht.

Salzteig herstellen

Zutaten: 400 g Mehl, 200 g Salz, 1/2 l heißes Wasser

1 Mehl und Salz in einer Schüssel vermischen und heißes Wasser daraufschütten. Man kann auch kaltes Wasser nehmen, aber der Teig wird mit heißem Wasser geschmeidiger, da sich das Salz besser auflösen kann.

2 Alle Zutaten mit einem Holzlöffel rühren, dann mit den Händen durchkneten, bis ein Teigklumpen entsteht. Klebt der Teig an den Händen, noch etwas Mehl dazugeben, ist er zu krümelig, dann noch etwas Wassser dazutun.

3 Salzteig eignet sich besonders gut zum Modellieren von liegende Figuren und Formen. Das fertige Objekt kann an der Luft trocknen oder bei 100 °C im Backofen.

Tipp

Am besten auf einer abwaschbaren Fläche kneten, zum Beispiel einer Plastiktischdecke oder in einer Schüssel. Eine Holzfläche eignet sich nicht so gut, da sie die Farbe annimmt.

Ton bearbeiten

Material

Ton ist ein Naturmaterial, es wird zum Töpfern mit Schamotte versetzt. Ton ist in Töpferläden und Bastelgeschäften erhältlich, meist als 10-kg-Packung (Hubel). Beim Kauf darauf achten, dass der Ton einen Schamotte-Anteil von 40 % enthält (mit der Körnung bis 0,5 mm). Ton gibt es in vielen Farbabstufungen, für dieses Buch wurde weißer und brauner Ton verwendet.

Werkzeug

Als Arbeitsunterlage eignet sich ein Holzbrett oder Zeitungspapier. Außerdem wichtig: ein Schneidedraht zum Abtrennen des Tons, ein Nudelholz zum Ausrollen und verschiedene Modellierwerkzeuge. Auch Messer, Gabel, Löffel, Schaschlikspieße und Trinkhalme sind praktische Hilfsmittel.

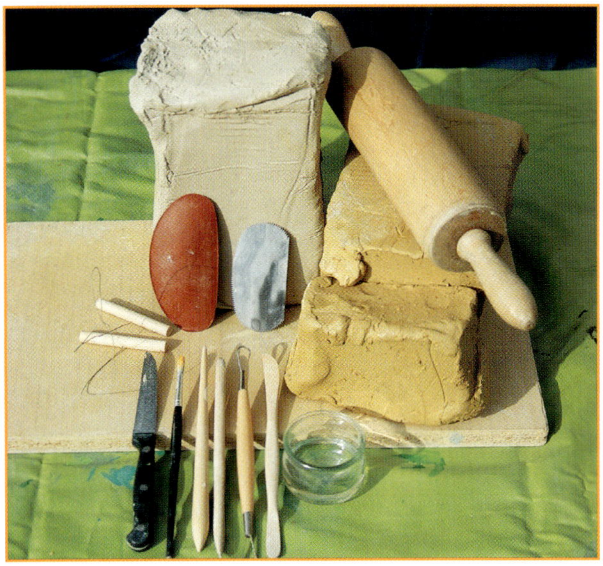

Vorbereitung

Mit dem Schneidedraht ein Stück Ton vom Hubel abschneiden, den Rest mit einem feuchten Tuch abdecken. Danach die Luftblasen aus dem Ton „schlagen", damit er später beim Brennen nicht reißt. Dazu den Klumpen mehrmals kräftig auf die Holzunterlage schlagen, anschließend mit den Händen durchkneten.

Techniken

Es gibt verschiedene Techniken, mit denen Ton bearbeitet werden kann. Wichtig: Wo einzelne Teile zusammengesetzt werden, die Flächen mit einer Gabel oder einer Ziehklinge anrauen und mit dem Finger nass machen. Anschließend fest zusammendrücken und die Stelle mit den Fingern oder einem Löffel gut verstreichen.

Daumendrucktechnik: In der einen Hand einen Klumpen Ton halten, mit dem Daumen der anderen Hand den Ton zur groben Schale formen.
Aufbautechnik: Den Ton zu Würsten rollen und diese aufeinanderlegen. Die Tonwürste bleiben entweder sichtbar (wie bei der schrägen Vase auf 131) oder sie werden mit den Fingern zu einer glatten Fläche verstrichen.
Aushöhltechnik: Größere Figuren können nicht massiv geformt werden, da der Ton beim Trocknen reißt. Deshalb diese Figuren mit einem Löffel oder einer Modellierschlinge aushölen.

Trocknen

Je nach Größe sollte ein Werkstück etwa zwei Wochen bei Zimmertemperatur durchtrocknen. Das Tonstück niemals auf die Heizung oder in die Sonne stellen, da es sonst reißt. Sollte das dennoch passieren, am besten einen Essigschlicker in die Risse schmieren. Dafür Essig und Ton zu einem sämigen Brei verrühren. Auch abgebrochene Teile können so wieder „angeklebt" werden.

Brennen

Ton muss in einem speziellen Brennofen gebrannt werden. Solche Brennöfen stehen zum Beispiel in Töpferläden, Schulen oder Kindergärten. Einfach mal nachfragen, ob ein Ofen vorhanden ist und ob dort private Teile gebrannt werden können. Auch manche Bastelgeschäfte bieten einen Brennservice an. Den ersten Brand nennt man Schrühbrand, er erfolgt bei etwa 900 bis 960 °C. Danach muss das Töpferstück nochmals mit Glasur gebrannt werden. Ein Werkstück, das zuvor mit Engoben bemalt wurde, nur einmal brennen.

Engoben

Engoben sind eingefärbte Tonmehle. Sie werden mit Wasser zu einer sahnigen Paste verrührt und auf den frischen bis leicht angetrockneten Ton aufgetragen. Die Brenntemperatur den Herstellerangaben entnehmen.

Glasieren

Nach dem Schrühbrand wird das Werkstück glasiert. Durch die Glasur erhält es seine farbliche Gestaltung, die aber erst nach dem Brennen zu sehen ist. Damit die Farben schön leuchten, die Glasur zweimal mit dem Pinsel auftragen. Zuerst eine Schicht, nach dem Trocknen eine zweite Schicht in entgegengesetzter Streichrichtung auftragen. Die genaue Brenntemperatur richtet sich hier ebenfalls nach den Angaben der Glasurhersteller.

Tipp

Angebrochene Tonhubel mit einem feuchten Tuch abdecken und in einer Plastiktüte aufbewahren, am besten im Keller, dann trocknet er nicht aus.

Lufttrocknender Ton

Eine gute Alternative zu brennbarem Ton ist lufttrocknender Ton, den es in Bastelgeschäften gibt. Er wird genauso verarbeitet wie brennbarer Ton und kann nach dem Trocknen mit Bastel- oder Acrylfarben bemalt werden. Anschließend das bemalte Werkstück eventuell noch mit Klarlack überziehen.

Türschild

Material

- Fimo soft in verschiedenen Farben
- Papier
- Stift
- Glatte Unterlage, z. B. Plastiktischset
- Backpapier
- Klebekissen oder Band zum Aufhängen

Tipp

Für ein Ringelmuster einfach zwei verschiedenfarbige Fimo-Schlangen miteinander verdrehen.

1 Den ausgewählten Schriftzug sorgfältig auf ein Blatt Papier schreiben, das ist die Vorlage (siehe Foto unten). Wenn an der Tür nur wenig Platz zur Verfügung steht, ist es besser, den Schriftzug in Originalgröße aufzuschreiben, um abzumessen, ob das Geschriebene auch dort hinpasst. Den Schriftzug auf Backpapier legen, da er später nicht mehr so gut transportiert werden kann.

2 Eine lange Farbschlange aus Fimo rollen, sie sollte etwa 1 cm stark sein. Ist die Schlange zu dünn, kann sie beim „Schreiben" reißen, ist sie zu dick, lässt sie sich nur schwer zu Buchstaben formen. Die Rolle nun nach der Vorlage zu Buchstaben legen. Ist die Rolle zu Ende, einfach eine neue ankneten. Dafür beide Enden miteinander verdrehen.

3 Den fertigen Schriftzug im Backofen eine halbe Stunde bei 130 °C backen. Im Heißluftherd reichen 110 °C. Nicht vergessen, während des Backens gut zu lüften! Die Fimo-Schrift erkalten lassen, die ausgehärtete Schrift anschließend mit Klebekissen oder Bändern fixieren.

Hier
wohnen
Leonie +
Louis

Fimo-Armbänder

Material

- Fimo soft in verschiedenen Farben
- Nudelholz oder gerade Glasflasche
- Glatte Unterlage, z. B. Plastiktischset
- Backpapier
- Nadel
- Draht oder Schnur
- Kleine Zange

Tipp

Aus Fimo-Schlangen können auch ganz leicht schöne Serviettenringe gestaltet werden.

Armband in Grün & Blau

1 Aus grünem und blauem Fimo jeweils eine Schlange rollen, sie sollten etwa 1 cm dick sein. Etwa 3 cm lange Stückchen abtrennen und mit den Fingerspitzen die Enden formen.

2 Die kleinen Farbwürstchen dicht nebeneinanderlegen, Grün und Blau im Wechsel. Das Armband probehalber um das Handgelenk legen, danach auf ein Nudelholz schieben und vorsichtig plattrollen, dadurch weitet es sich. Außerdem verbinden sich Anfang und Ende. Nach der Grundanleitung auf Seite 114 das Armband im Backofen backen.

Buntes Perlenarmband

1 Aus Fimo in verschiedenen Farben kleine Kugeln formen. Mit Draht oder einer Nadel die kleinen Kugeln durchstechen und nach der Anleitung im Backofen backen.

2 Nach dem Erkalten die Kugeln der Abbildung entsprechend auf eine Schnur oder einen Draht fädeln, die Länge vorher am Handgelenk ausmessen. Die Drahtenden zu kleinen Haken biegen und ineinanderstecken.

Geflochtene Armbänder

1 Pro Armband drei Fimo-Schlangen, etwa 1 cm stark, in verschiedenen Farben ausrollen. Die Enden zusammendrücken und einen Zopf flechten, der um das Handgelenk passt.

2 Für das Armband in Gelb-Pink-Rot die offenen Enden der Abbildung entsprechend zusammendrücken.

3 Für das Armband in Türkis-Pink-Orange die Enden der Schlangen so ineinanderstecken, dass ein Endlosband ensteht, also Türkis mit Türkis verbinden, Orange mit Orange und Pink mit Pink.

4 Das Armband probehalber ganz eng um das Handgelenk legen, da es sich noch weitet. Das Armband auf ein Nudelholz stülpen und sanft hin- und herrollen.

5 Die Armbänder auf Backpapier legen, bei 130 °C im Backofen bzw. 110 °C im Heißluftherd eine halbe Stunde backen.

Bunte Schale

Material

- Fimo soft in Pink, Grün, Türkis
- Glas- oder Porzellanschüssel
- Klebeband, 2 cm breit
- Nudelholz oder kleine gerade Glasflasche
- Backpapier
- Glatte Unterlage, z. B. Plastiktischset

1 Den Rand der Glas- oder Porzellanschüssel als Orientierungslinie für die Höhe der Fimoschale mit Klebeband abkleben (Abbildung 1). Das Fimo gut durchkneten und von jeder Farbe eine möglichst lange Schlange rollen, am besten etwa 50 cm. Die Enden von allen drei Schlangen am Schüsselboden festdrücken und in verschiedene Richtungen führen.

2 Die Farbwürste über- und untereinanderschlingen (Abbildung 2). Die Schlangen dabei in Bögen auf die Schüssel legen: Mal die grüne Schlange nach oben legen, mal die in Pink und dann wieder die türkisfarbene – jede Farbe soll mal oben und mal unten liegen. Geht eine Farbe zu Ende, eine Schlange der gleichen Farbe rollen und die Enden zusammenkneten.

3 Die Schale fast ganz mit Fimoschlangen bedecken und diese mit den Händen flachdrücken (Abbildung 3). Mit dem Nudelholz oder der Glasflasche vorsichtig in alle Richtungen über die Schale rollen (Abbildung 4), so schließen sich die restliche Löcher und die Schale bekommt eine glatte Oberfläche. Die Fimoschale mit der Schüssel auf Backpapier stellen und bei 130 °C im Backofen, bei 110 °C im Heißluftherd, eine halbe Stunde backen. Die Schüssel erst nach dem Abkühlen entfernen.

bb.3

Abb.4

Türmchen-Spiel

Material

- 1 kg Mehl
- 1 kg Salz
- Wasser
- Schüssel
- Nudelholz
- Plätzchenausstecher „Blume"
- Backblech, mit Backpapier ausgelegt
- Bastelfarben in Gelb, Hellblau, Rot, Pink, Violett, Grün

1 Salz und Mehl in eine Schüssel geben und mit warmen Wasser verrühren, bis ein fester Teig entsteht. Den Teig mit dem Nudelholz etwa 1 cm dick ausrollen und 16 Blumenformen ausstechen. Die Teigreste zusammenkneten und fünf Kugeln formen. In beiden Handflächen rollen, bis sie gleichmäßig rund sind. Vier davon auf die Tischplatte legen und jeweils eine Seite spitz zum Kegel rollen. Aus der fünften Kugel einen Würfel formen.

2 Alles auf ein Backblech legen und im vorgeheizten Backofen eine Stunde lang bei 100 °C backen. Zwischendurch einmal wenden und darauf achten, dass die Teile nicht braun werden. Zur Kontrolle auf die Formen drücken, ob sie schon fest sind (Backvorgang: Erwachsener).

3 Die Formen auskühlen lassen und bemalen: Vier Blumen in Violett, vier in Hellblau, vier in Gelb und vier in Pink. Alle Kegel grün bemalen. Der Würfel erhält auf einer Seite ein rotes Kreuz, auf einer anderen einen grünen Kegel und auf den restlichen Seiten Punkte in den Farben der Blumen.

Spielanleitung für vier Spieler

Jeder Spieler erhält vier verschiedenfarbige Blumen und einen grünen Kegel. Nun der Reihe nach würfeln. Zeigt der Würfel eine Blume, legt der Spieler eine Blume in entsprechender Farbe vor sich hin. In der zweiten Runde wird die nächste gewürfelte Blume auf die erste gesetzt usw. Hat der Spieler seine vier Blumen aufgestapelt, muss er einen Kegel würfeln, um die letzte Figur aufsetzen zu können. Zeigt der Würfel einen grünen Kegel, bevor der Spieler seinen Stapel vollendet hat, muss er aussetzen. Wird das rote Kreuz gewürfelt, muss der Spieler seinen Stapel wieder abbauen. Gewonnen hat, wer als Erster seinen Stapel mit dem Kegel besetzen kann.

Igel-Familie

Material

- Ton in Braun, ersatzweise Knetmasse
- Stachlige Schalen von Rosskastanien, halbiert
- Getrocknete orangefarbene Beeren (Nasen)
- Zahnstocher
- Plastikmesser
- Zeitungspapier als Unterlage

1 Mit beiden Händen eine etwa 3 cm dicke Kugel aus Ton rollen. Die Nase spitz ausformen und leicht nach oben biegen.

2 Die Tonkugel mit dem Plastikmesser hinten abschrägen und unten abflachen.

3 Die Kastanienschale aufsetzen und die Tonkugel der Schale anpassen. Danach die Kastanienschale wieder vorsichtig abnehmen.

4 Die Augen mit einem Zahnstocher einstechen und langsam drehend herausnehmen, damit sie etwas größer werden. Den Mund und die Augenbrauen mit dem Zahnstocher einritzen.

5 Eine orangefarbene Beere auf die Nasenspitze drücken.

6 Den Ton trocknen lassen und die Kastanienschale mit der Klebepistole fixieren.

Fröhliche Clowns

Material

- Lufttrocknender Ton in Weiß
- Rundholz, 6 mm Ø:
  - 17 cm (großer Clown)
  - 13 cm (kleiner Clown)
- Dicker Trinkhalm
- Bastelfarbe
- Draht
- Spitzes Messer
- Zahnstocher
- Evtl. chinesische Ess-stäbchen
- Evtl. mit Sand gefülltes Glas

Großer Clown

1 Aus weißem Ton sieben Kugeln formen, immer eine größer als die vorige: die erste in Mirabellengröße und die letzte in der Größe einer Mandarine. Die Tonkugeln einzeln mit der Hand zu Scheiben klopfen. Die größte Scheibe wird die Fußplatte. Die anderen Scheiben mit einem Trinkhalm in der Mitte durchstechen. Das Loch mit dem Holzstab etwas weiten und ausprobieren, ob die so entstandenen Ringe gut über den Stab rutschen. Für die Halskrause einen Ring mit dem Messer sternförmig einschneiden.

2 Für den Kopf eine längliche Kugel formen und mit dem Trinkhalm ein Loch auf der Unterseite stechen. Mit einem Zahnstocher Augenbrauen und Mund einritzen, dann ganz dünne Tonwürstchen in diese Ritzen drücken. Für die Nase ein kleines Loch in die Kugelmitte stechen und dort etwas Ton entfernen. Hierauf eine kleine Tonkugel, die oben spitz zuläuft, aufsetzen (alle Einzelteile siehe Abbildung 1). Einen kleinen Kegel als Hut modellieren.

Abb. 1

Abb. 2

3 Den Holzstab in den Fußring stecken und den Clown zusammensetzen. Ist der Holzstab zu lang, einfach den Stab kürzen (absägen) oder einen weiteren Ring formen. Ist der Stab zu kurz, die einzelnen Ringe noch etwas flachklopfen. Alle Teile eine Woche trocknen lassen. Danach die Ringe bemalen: Hierfür die Einzeteile auf chinesische Essstäbchen reihen, dort können sie nicht herunterrutschen. Die Einzelteile zum Trocknen in ein mit Sand gefülltes Glas stecken (Abbildung 2), danach vorsichtig zusammenstecken.

Kleiner Clown

Den kleinen Clown wie den großen anfertigen, statt aus Ringen besteht er jedoch aus einem kugeligen Tonbauch, einem breiten Armteil, Halsring, Kopf und Hut. Als Fußteil große Clownsschuhe formen. Die Schnürsenkel aus Draht oder Schnur formen und vorsichtig in den weichen Ton stecken.

Schräge Vase

Material

- Ton in Weiß
- Borstenpinsel
- Löffel
- Runde Ausstechform für den Vasenboden, z. B. Trinkglas
- Engobe in Hellrot

Tipp

In der gleichen Technik können ganz leicht kleine Eierbecher angefertigt werden.

1 Beim Kauf von Ton und Engobe darauf achten, dass beide bei 1200 °C gebrannt werden können, damit die Vase wasserdicht wird. Die Vase in der Aufbautechnik arbeiten (Grundanleitung Seite 116/117), dafür zuerst etwas Ton ausrollen und mit dem Glas den Vasenboden ausstechen.

2 Einen faustgroßen Klumpen Ton mit beiden Händen zu einer langen, etwa 1 cm starken Wurst rollen. Den Bodenrand mit dem Pinsel aufrauen und anfeuchten. Die Tonwurst auf den ausgestochenen Boden legen und spiralförmig nach oben führen. Dazwischen immer den aufliegenden Ton mit dem Pinsel anrauen und mit Wasser einstreichen. Eine weitere Wurst rollen und ansetzen. Den Ansatz mit einem Löffel oder dem Finger vorsichtig verstreichen.

3 Wenn ein paar Tonschlangen verarbeitet sind, die Wulste von innen mit dem Löffel oder einem Finger verstreichen, sodass keine Löcher mehr zu sehen sind. Auf diese Weise weiterarbeiten, dabei die Würste abwechslend etwas nach innen und nach außen versetzt auflegen, sodass die Vase an manchen Stellen schmaler und an anderen Stellen weiter wird. Innen immer gut verstreichen, da man von einer gewissen Vasenhöhe an nicht mehr so gut in die Vase hineinfassen kannst. Zuletzt die Vase mit Engobe anmalen und trocknen lassen. Bei mindestens 1200 °C brennen, dabei die Angaben des Ton- und Engobeherstellers beachten.

Kugelfische

Material

- Ton in Weiß
- Engobe in beliebiger Farbe
- Modellierschlinge
- Löffel
- Messer
- Ziehklinge oder Gabel
- Gumminiere
- Schneidedraht
- Holzbrett

1 Einen Klumpen Ton ein paar Mal kräftig auf ein Holzbrett schlagen. Eine Kugel formen und mit dem Schneidedraht halbieren (Abbildung 1).

2 Beide Hälften mit dem Löffel oder der Modellierschlinge aushöhlen und die Schnittstelle mit der Ziehklinge oder mit einer Gabel anrauen (Abbildung 2).

3 Die Schnittstelle anfeuchten und beide Hälften vorsichtig zusammenfügen. Die Ritze zwischen den Hälften mit den Fingern verstreichen (Abbildung 3).

4 Nun durch Hin- und Herrollen in der Hand die Kugel formen. Anschließend mit der Gumminiere die Kugel ringsum leicht klopfen (Abbildung 4). So wird sie schön glatt.

5 Eine Schwanzflosse aus Ton schneiden und an die Kugel drücken. Mit dem Löffel oder einem flachen Modellierwerkzeug Flosse und Kugel verbinden (Abbildung 5). Bei größeren Flossen den Ansatz mit den Fingern verstreichen.

6 Zum Schluss den Kugelfisch mit Engobe anmalen und zwei Wochen trocknen lassen. Anschließend im Ofen brennen, dabei die Herstellerangaben für Ton und Engobe beachten.

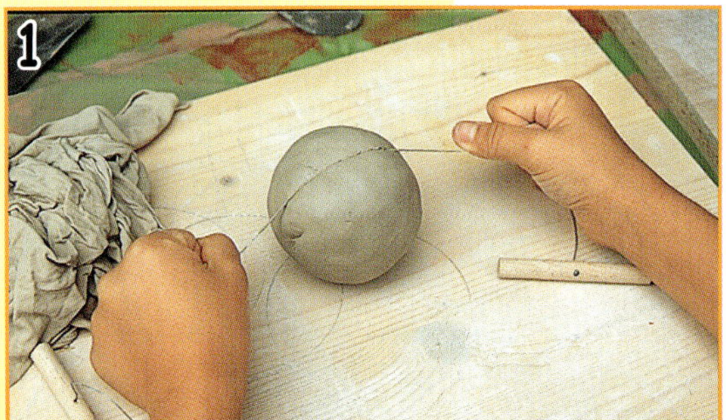

4

5

Vorlagen

2

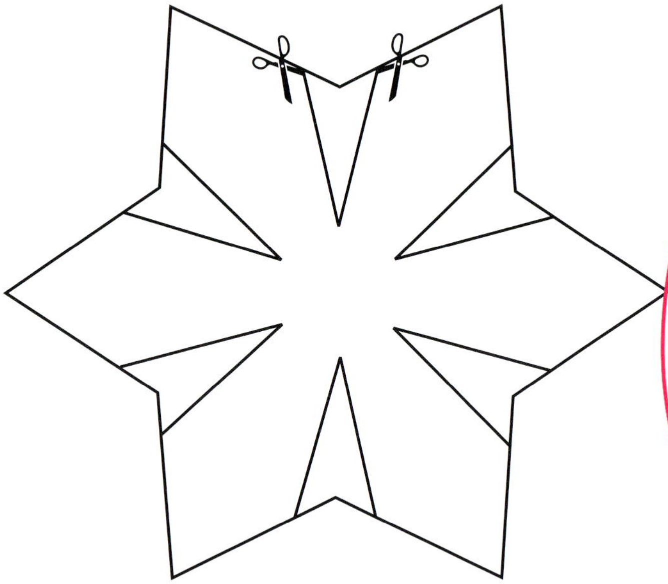

1

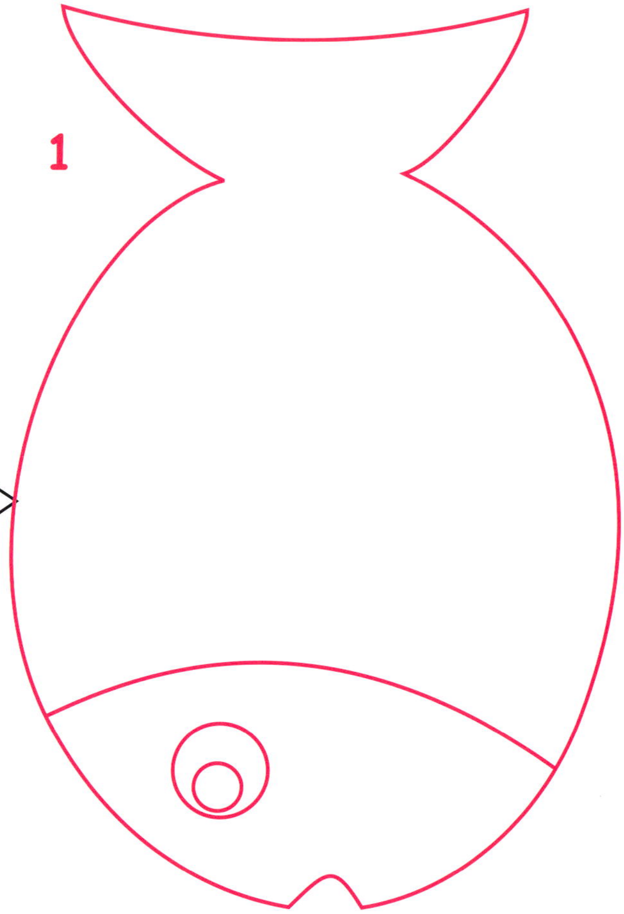

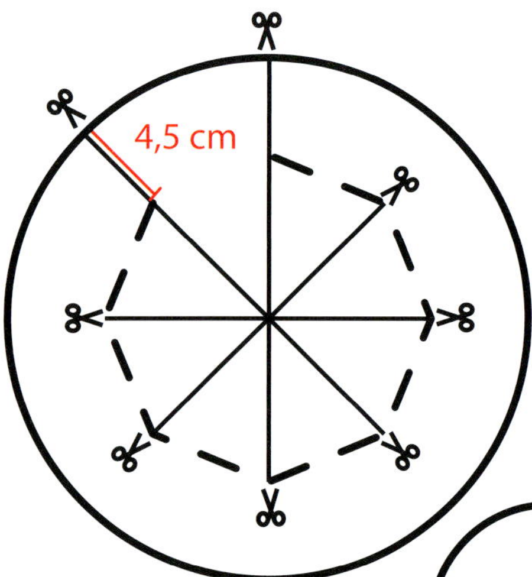

Zeichnung 1

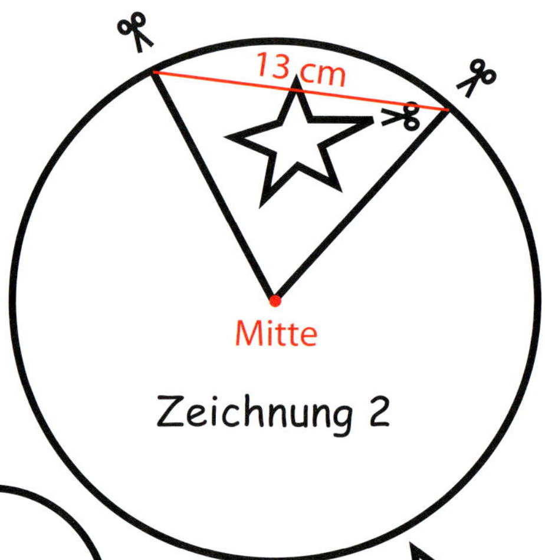

Zeichnung 3

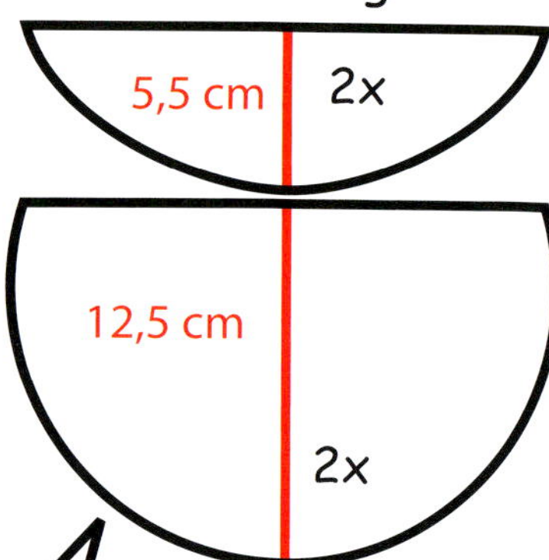

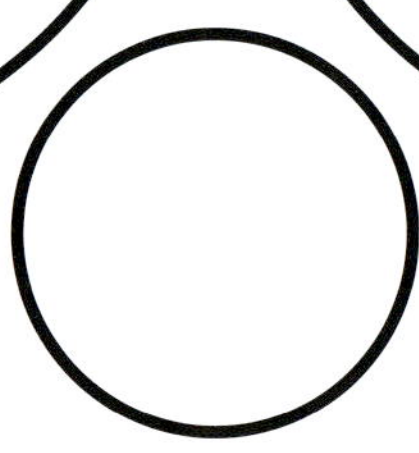

3

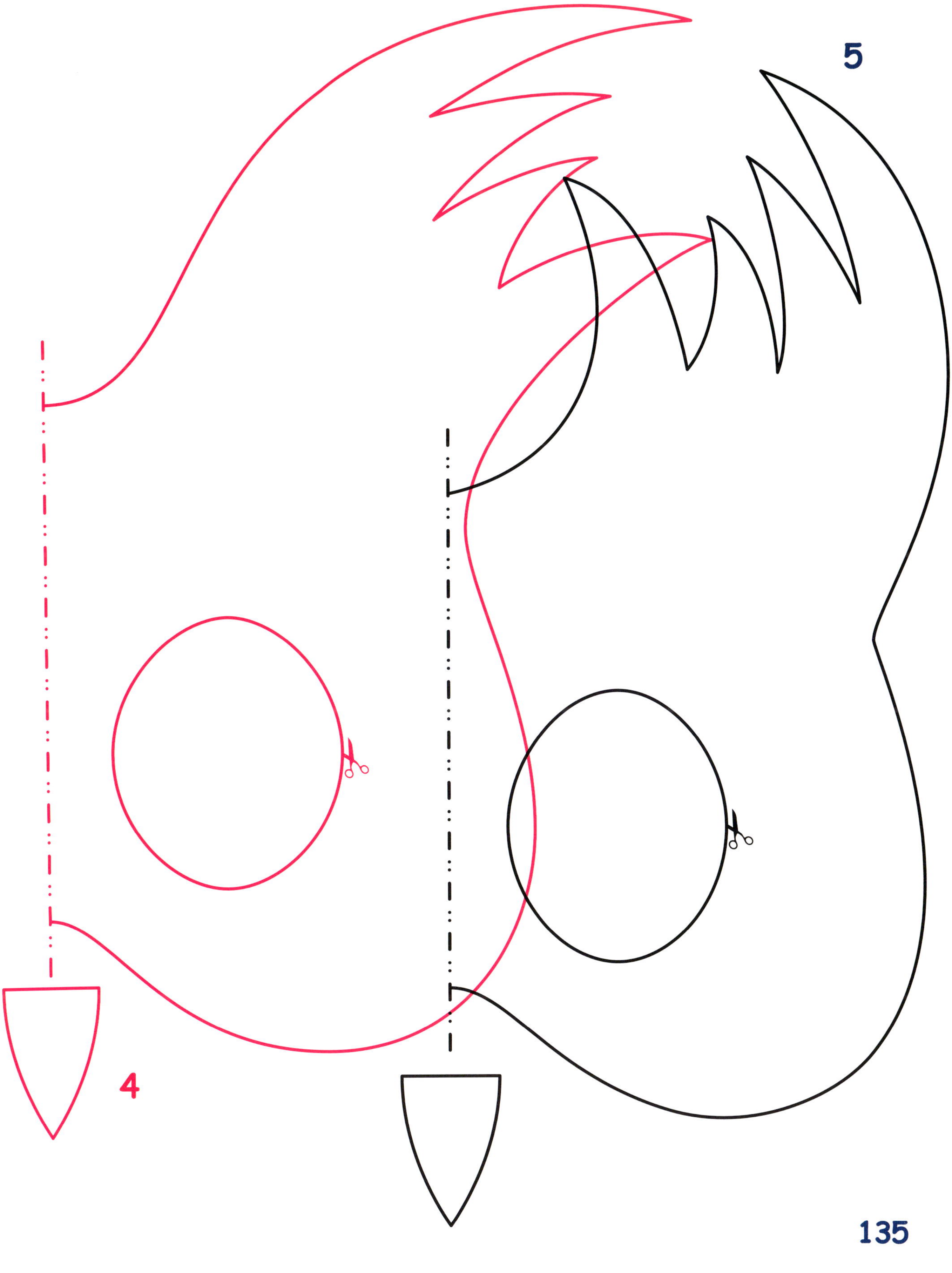
5
4

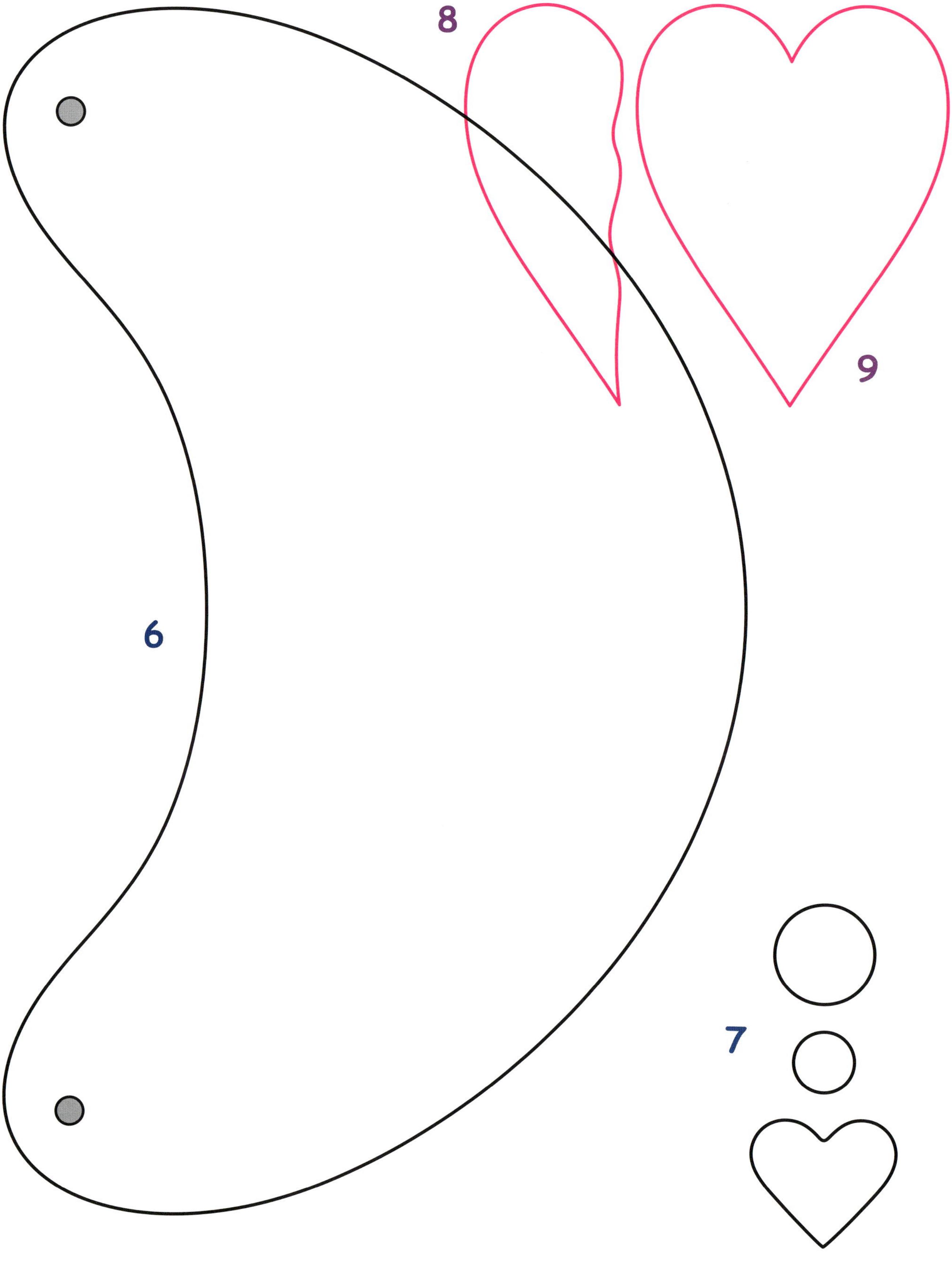
8
9
6
7

10

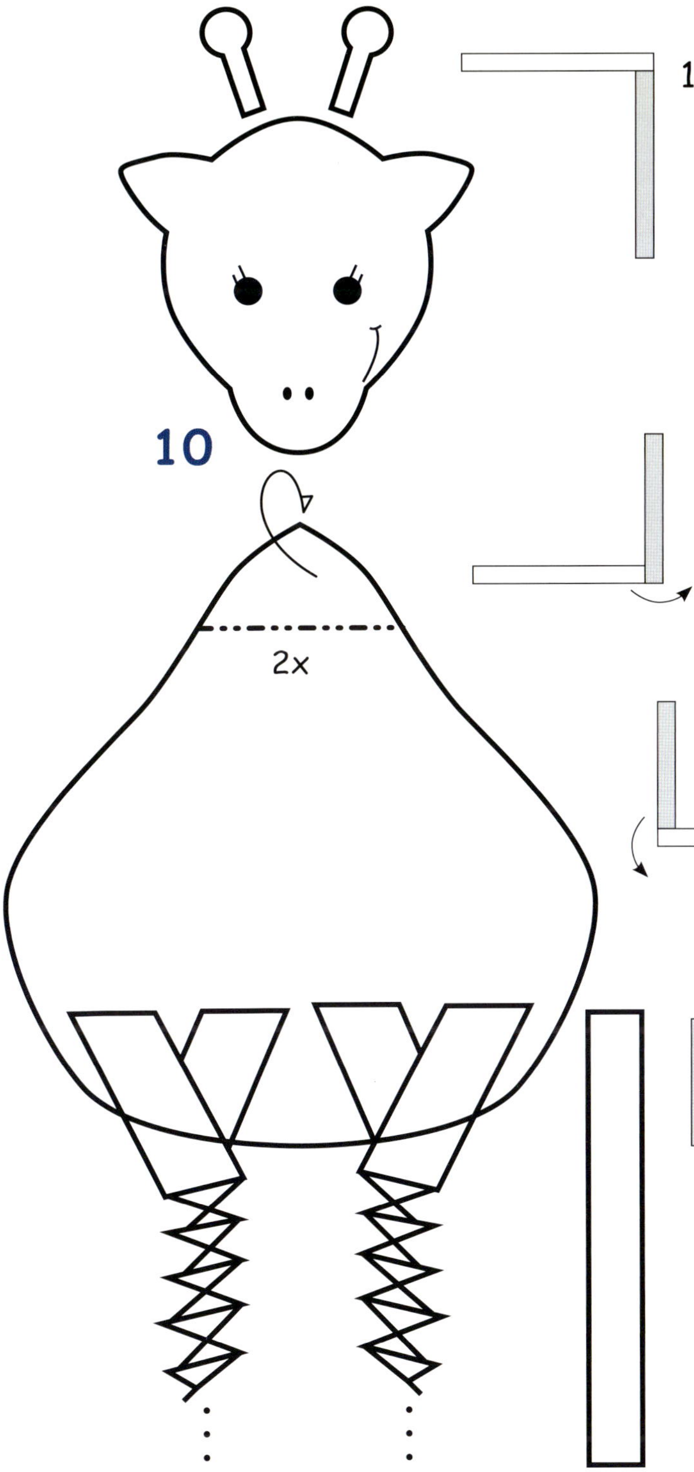

1. Für eine Hexentreppe zwei gleich lange und breite Papierstreifen rechtwinklig anordnen und zusammenkleben. Für den Hals 1,5 cm breite Streifen verwenden, für die Beine 1 cm breite.

2. Den jeweils unten liegenden Streifen anheben und in die entgegengesetzte Richtung falten.

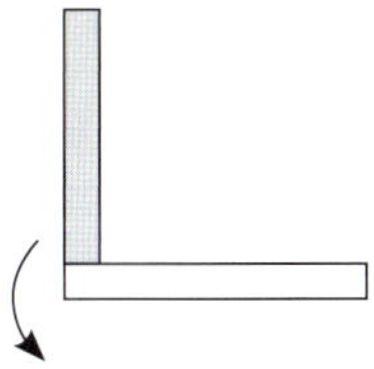

3. In dieser Weise abwechselnd weiterfalten.

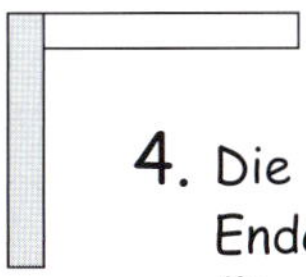

4. Die Papierstreifen nicht ganz bis ans Ende falten, zusammenkleben und die Überstände am Giraffenkörper fixieren (siehe Vorlage).

15

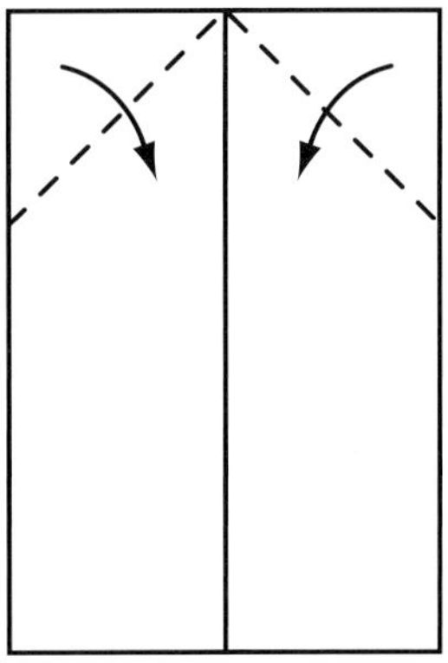

1. Das Blatt in der Mitte falten und wieder öffnen. Obere Ecken zur Mittellinie falten.

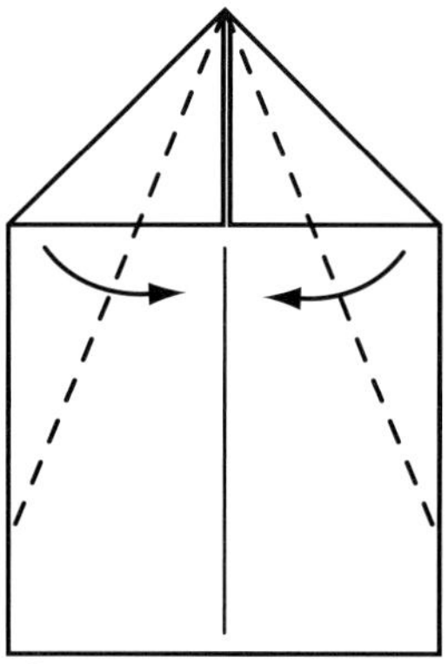

2. Die schrägen Kanten zur Mittellinie falten.

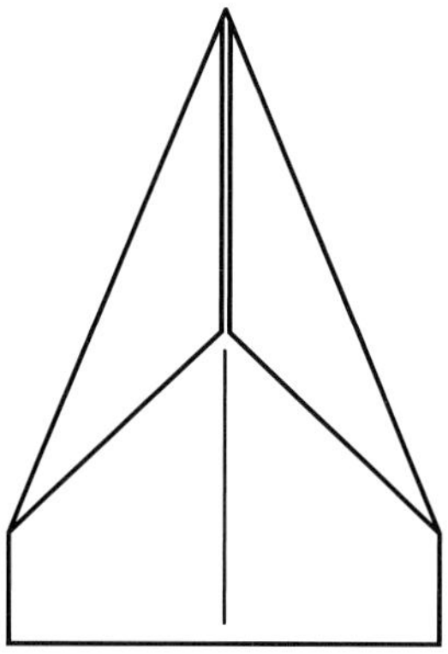

3. So sieht das Ergebnis von Schritt 2 aus.

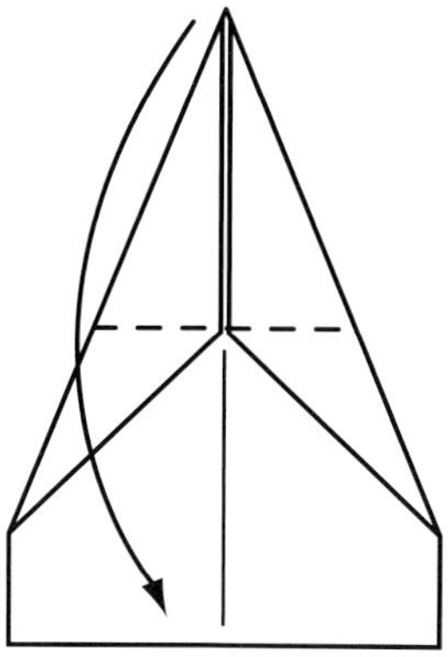

4. Die Spitze nach unten falten ...

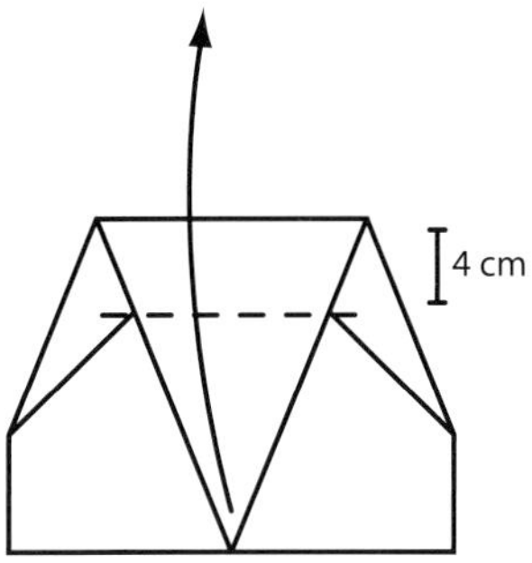

5. ... und an der markierten Linie wieder nach oben.

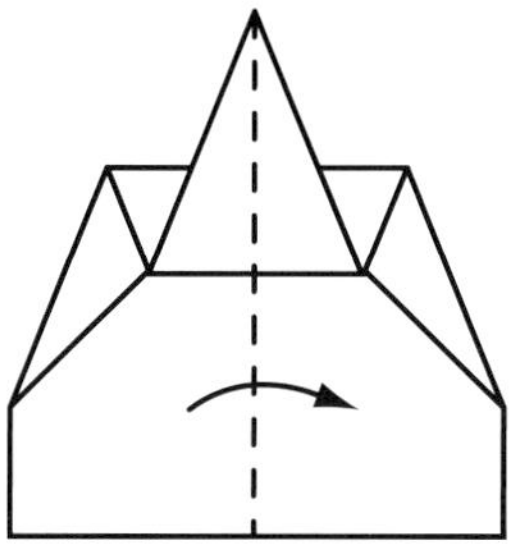

6. Den Flieger über die Mittellinie zusammenfalten.

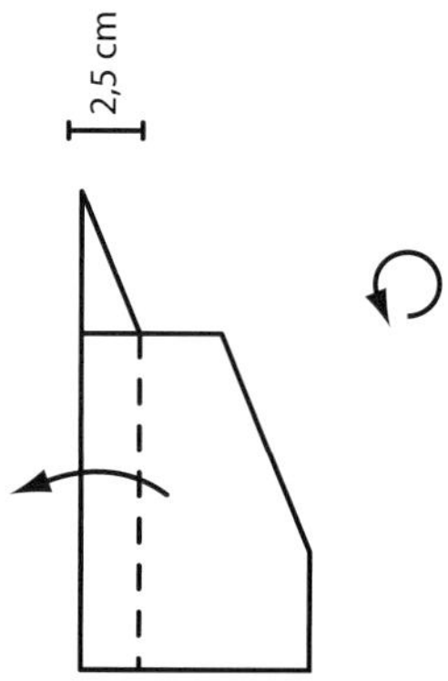

7. Die Flügel nach links und rechts klappen und den Flieger um 90° drehen.

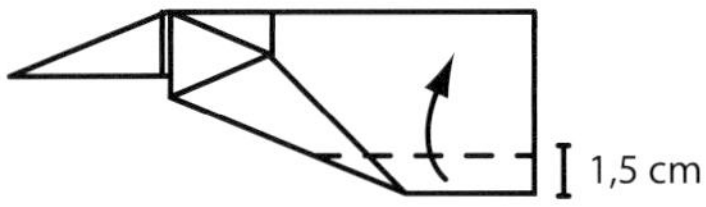

8. Die Seitenstreifen an beiden Flügeln senkrecht aufstellen.

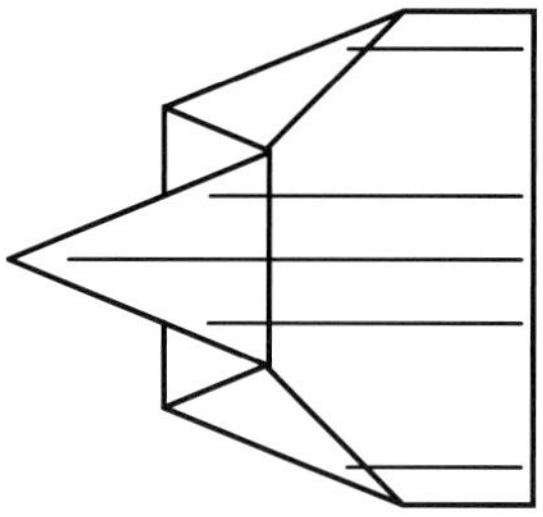

9. Ansicht von oben.

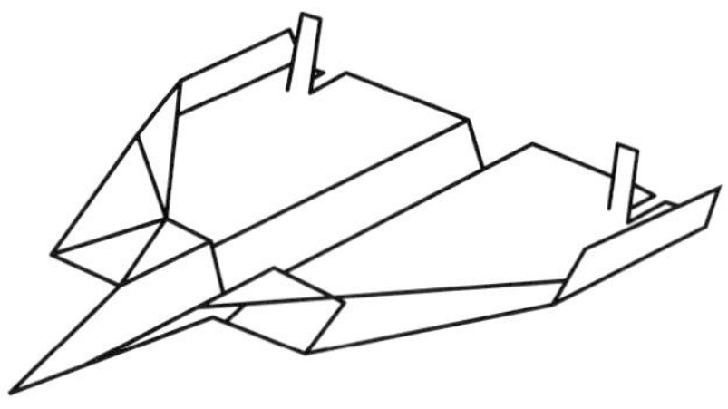

10. Wenn der Flieger zu schnell zu Boden geht, Klappen hinten einschneiden und hochstellen.

17

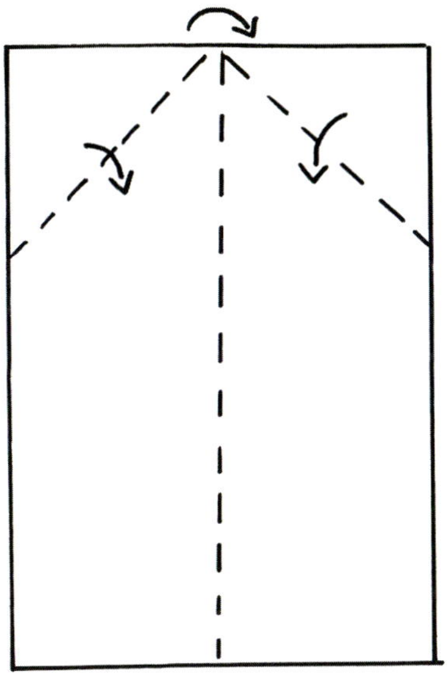

1.

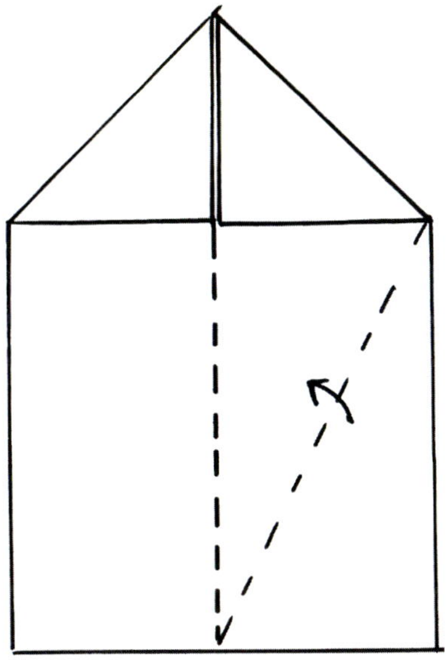

2.

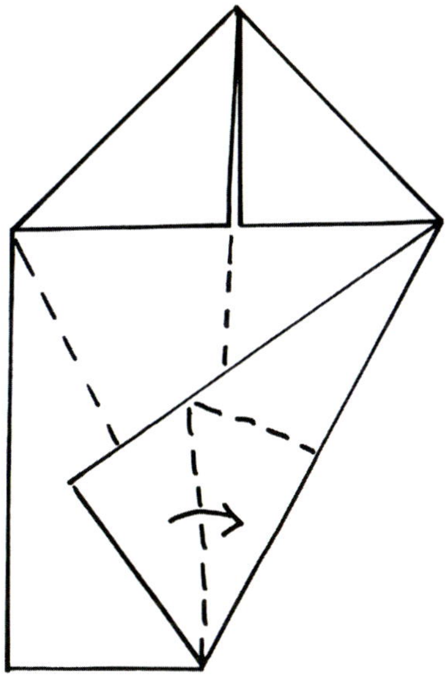

3.

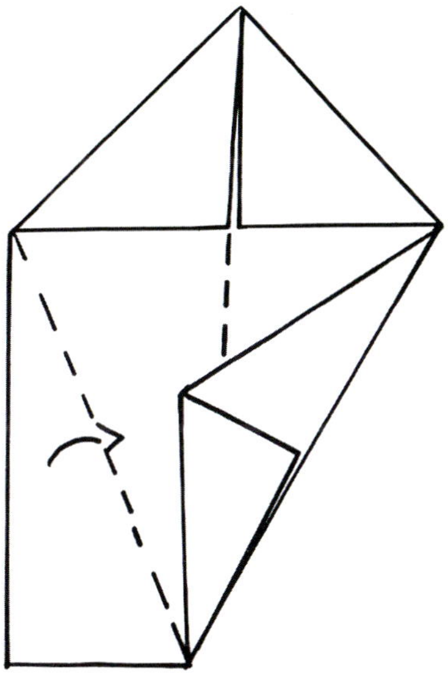

4.

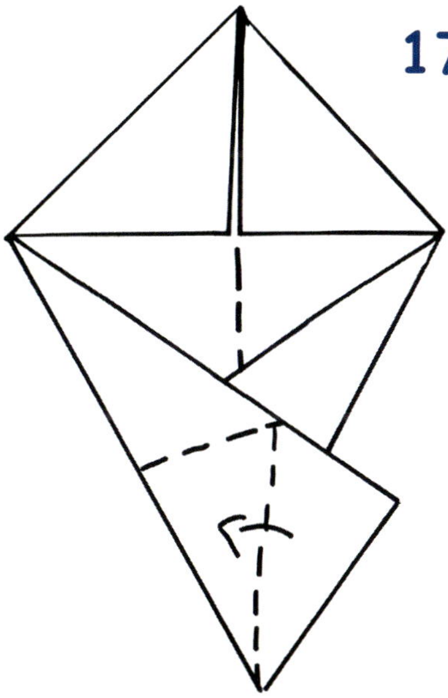

5.

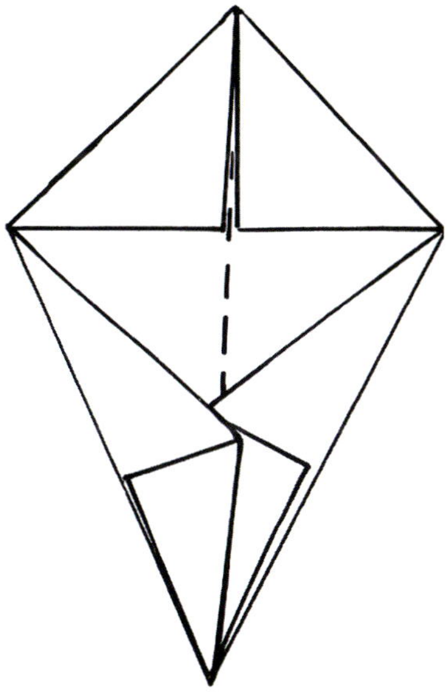

6.

Katzenkopf

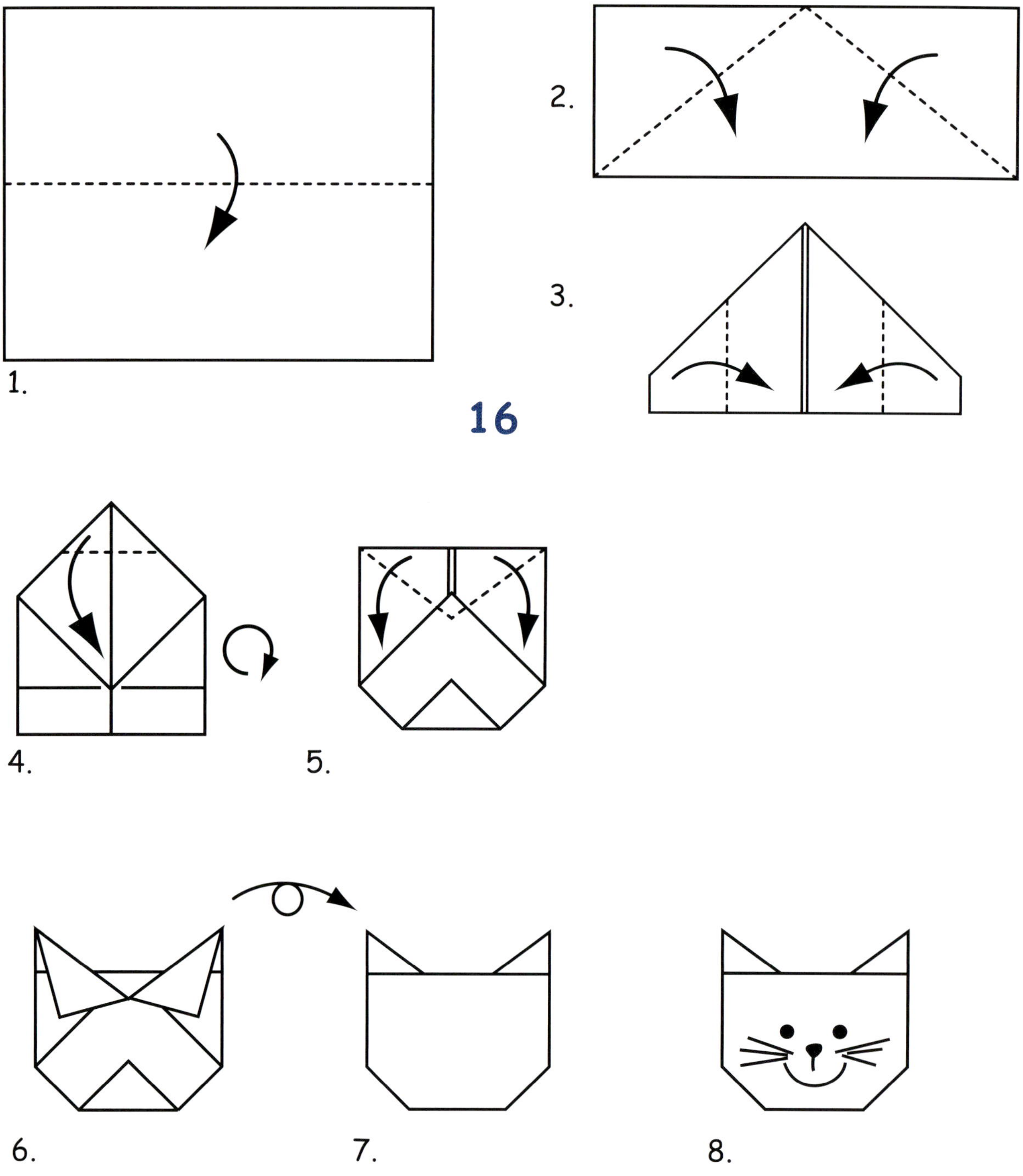

Katzenkörper

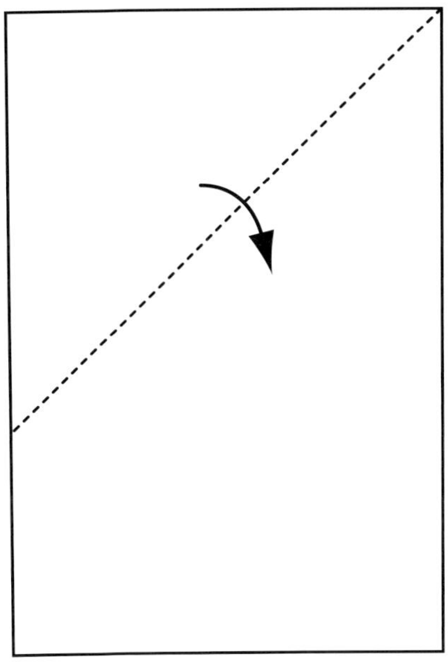

1.

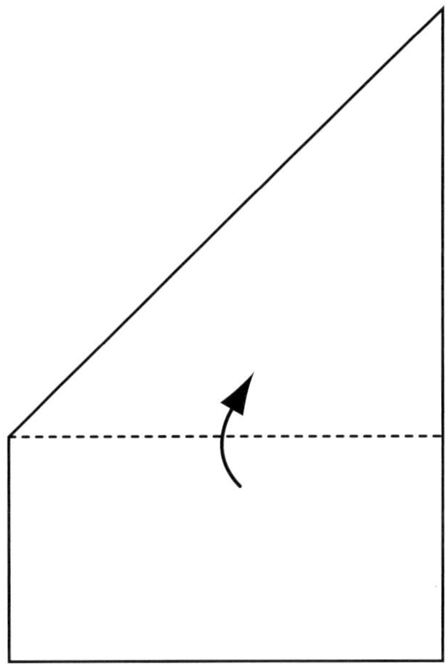

2.

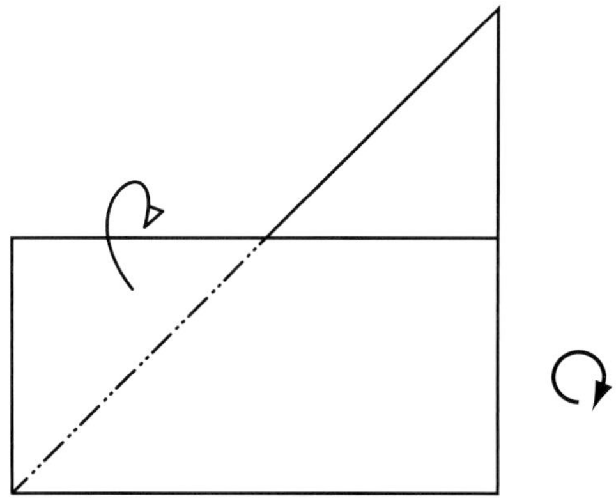

3.

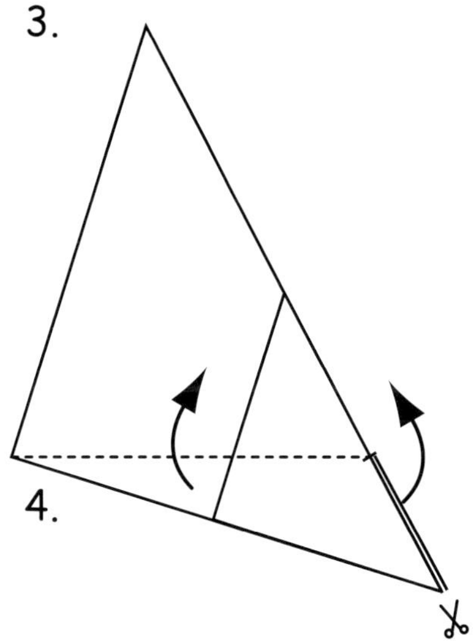

4.

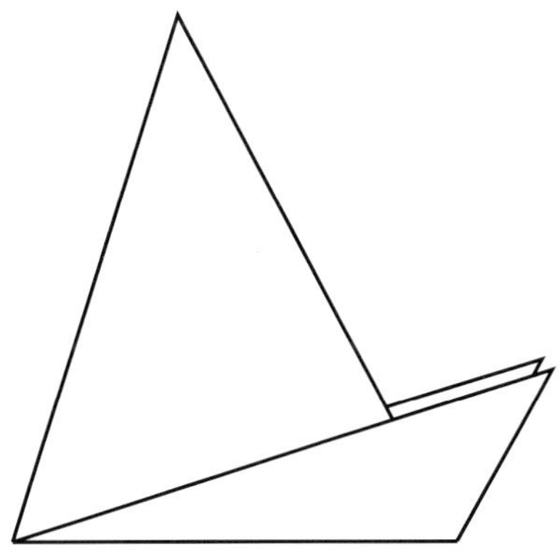

5. Hineingreifen und den Körper auseinanderziehen.

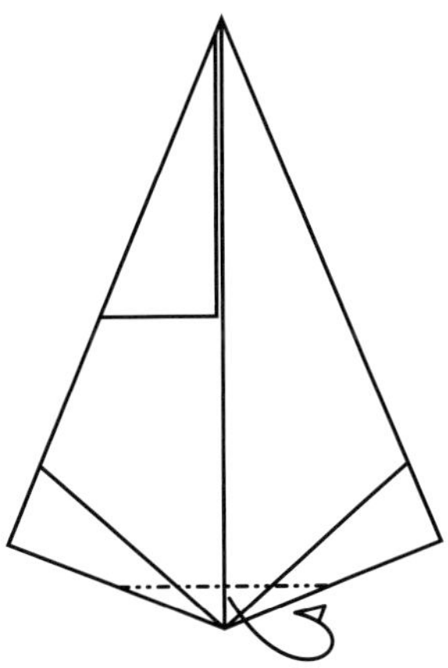

6. Ansicht von vorn.

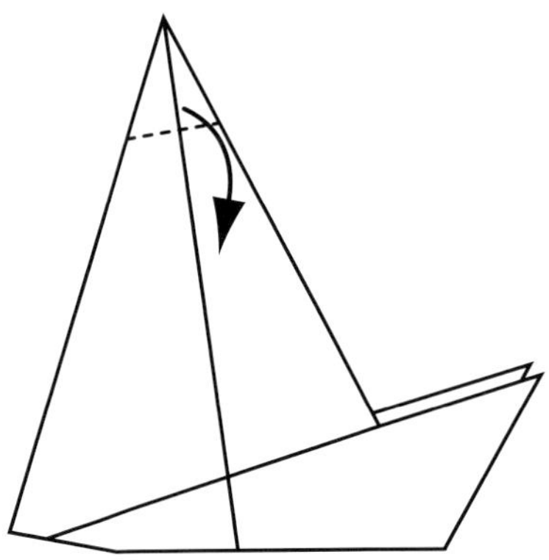

7.

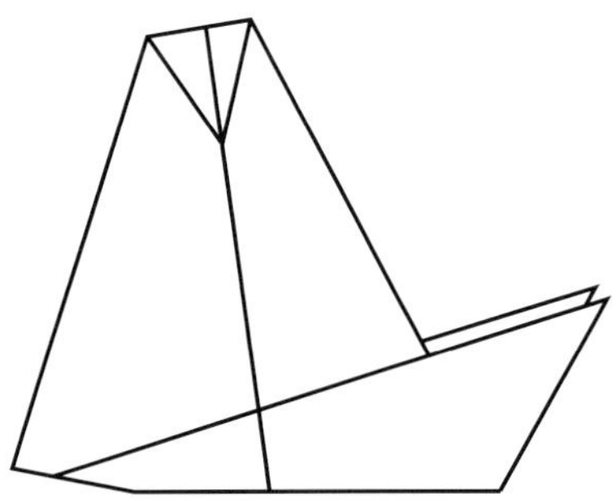

8.

9.

18

19

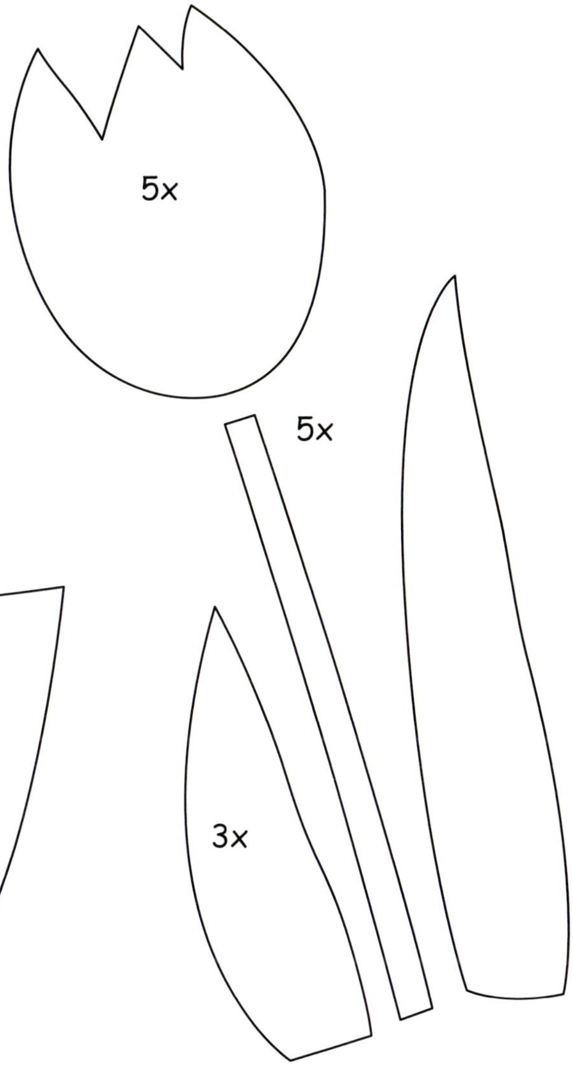

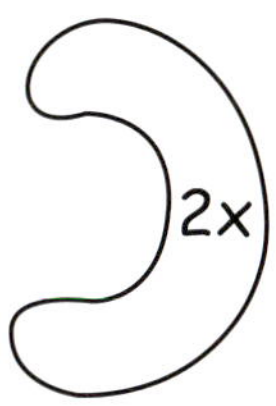

20

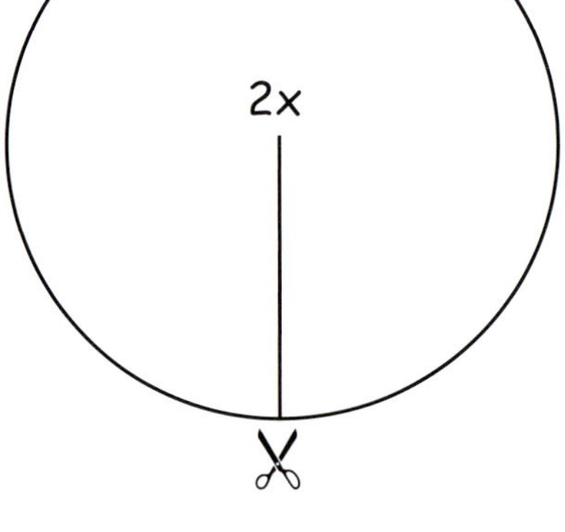

21

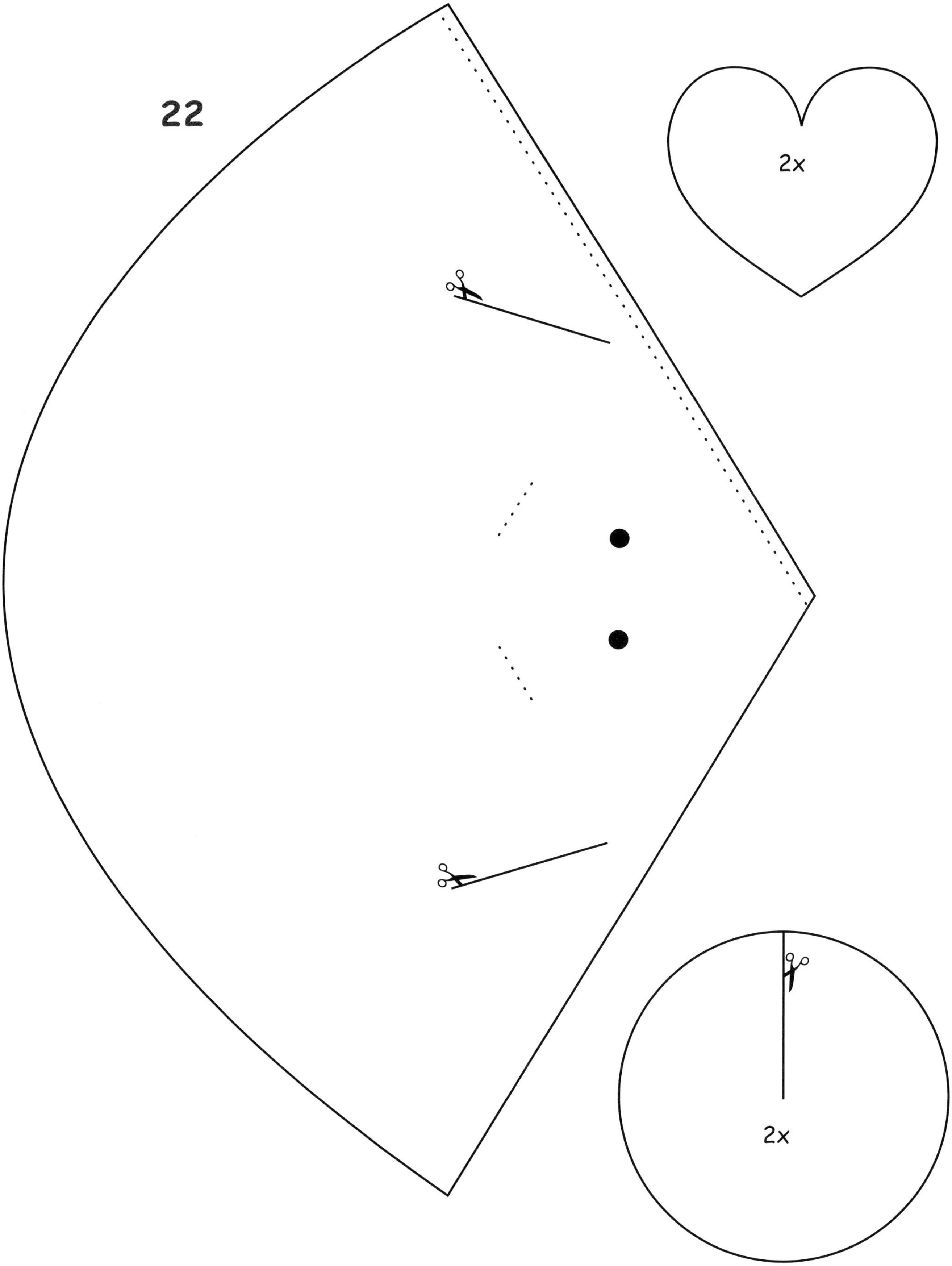
22
2x
2x

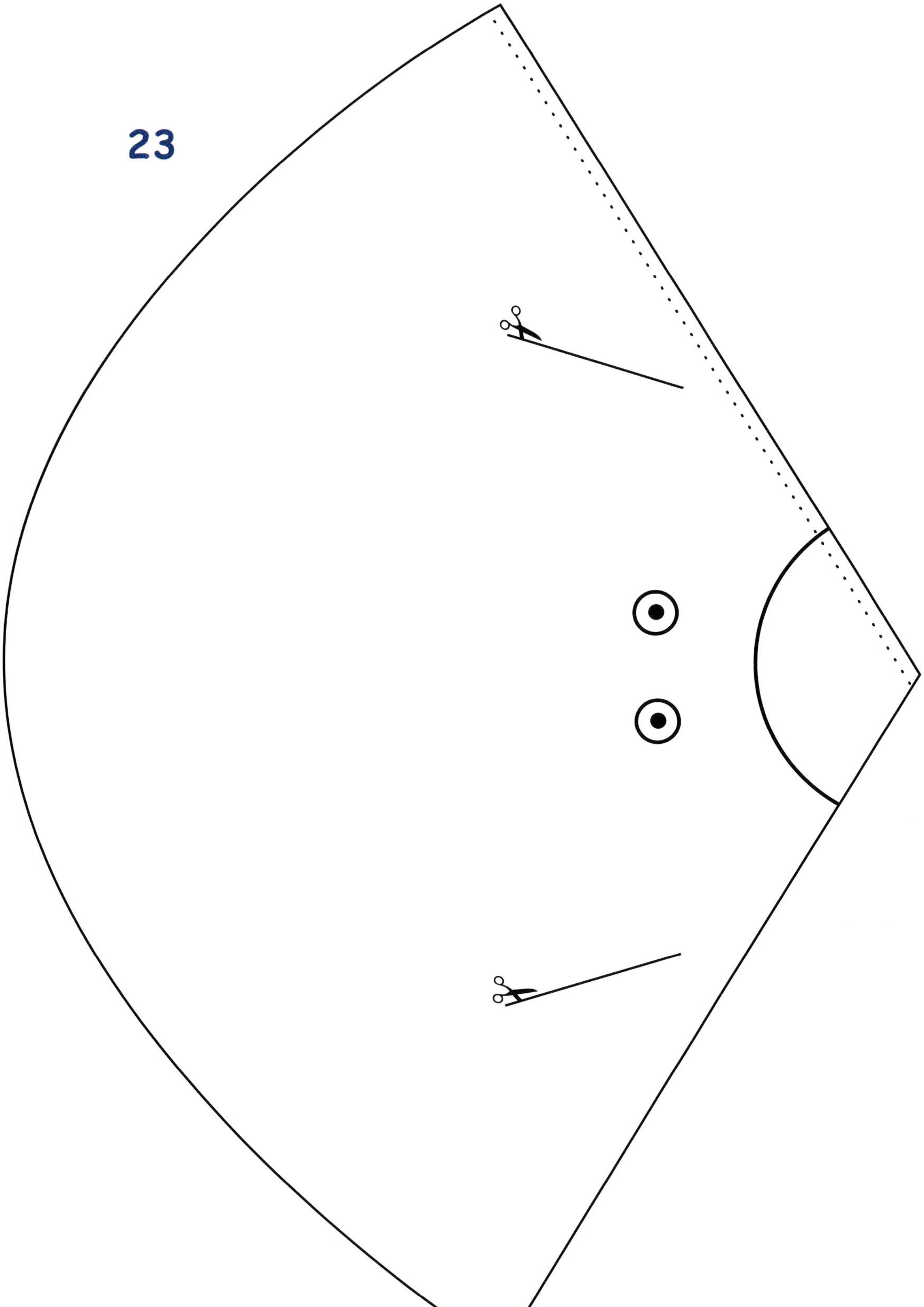
23

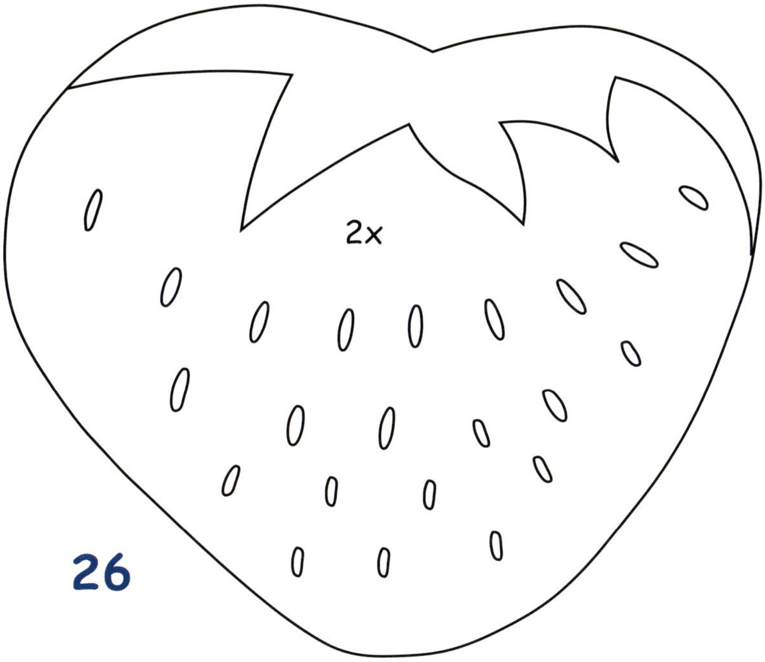

26

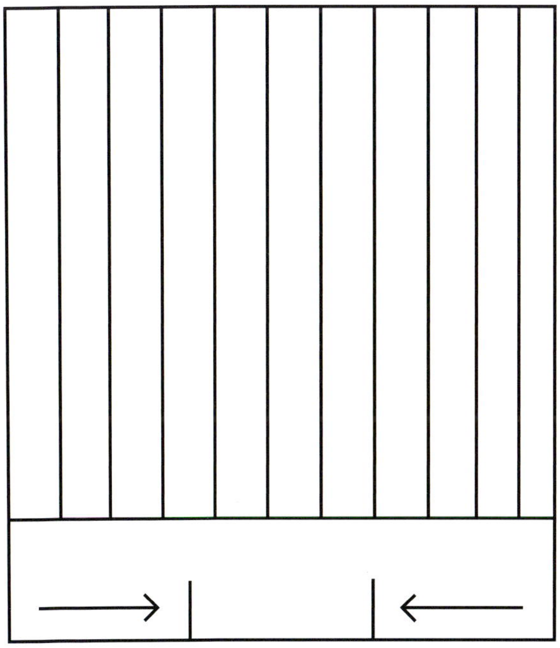

27

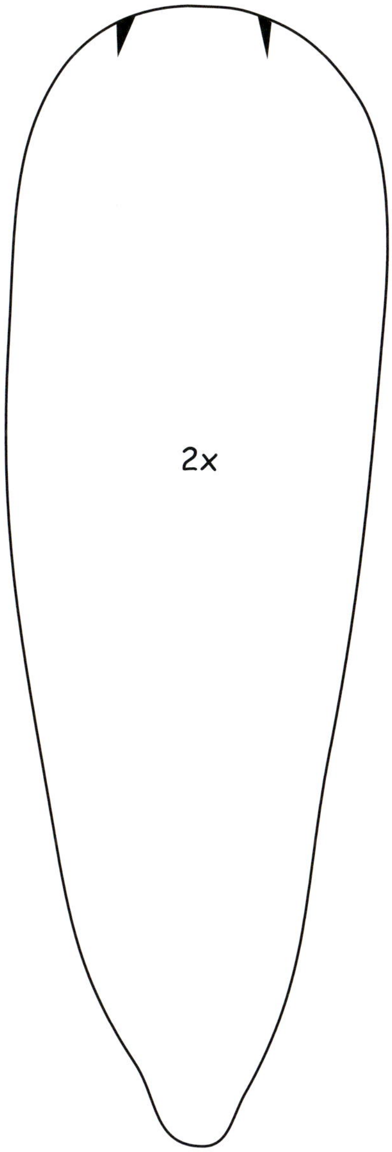

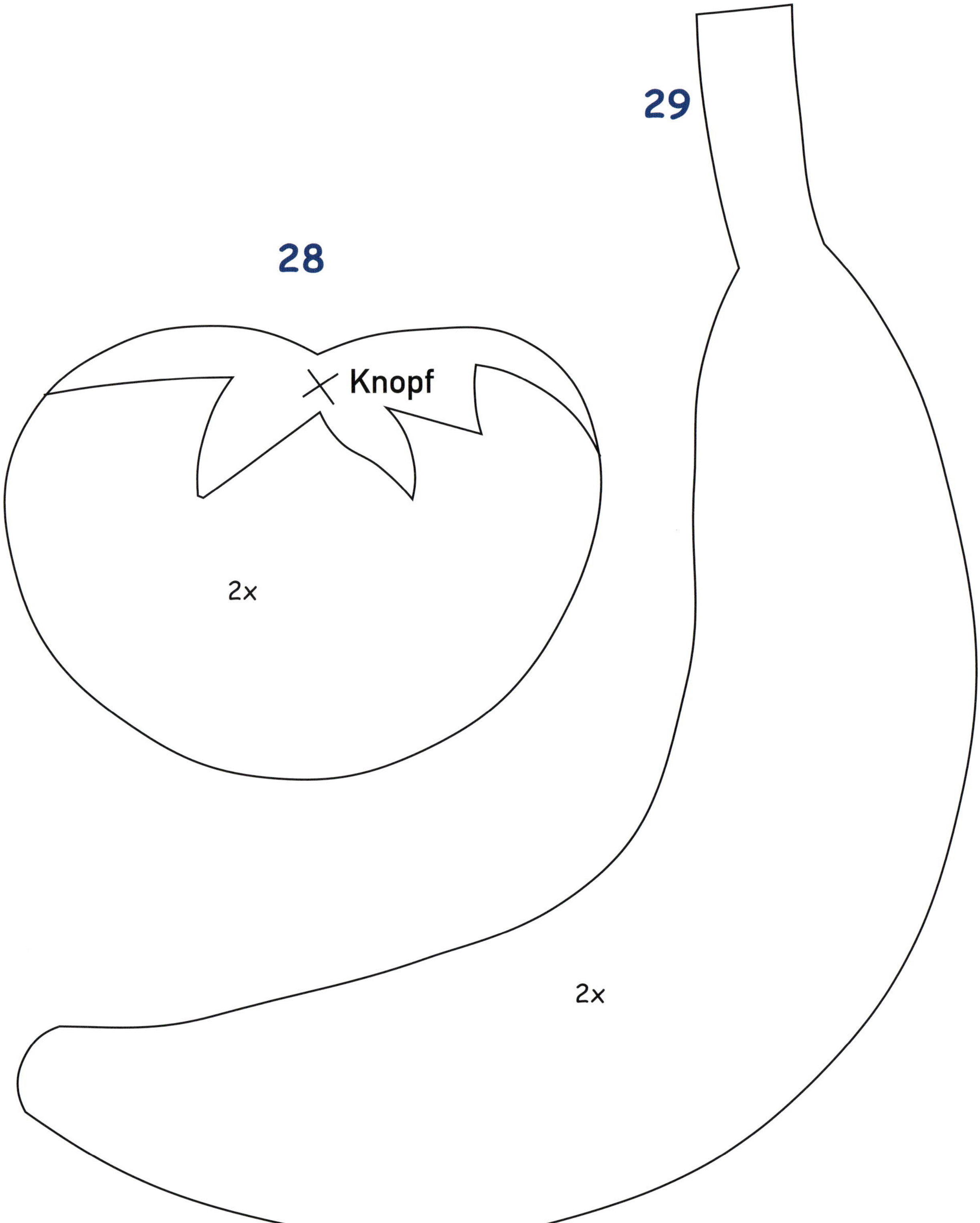
28
Knopf
2x
29
2x

30

31

32

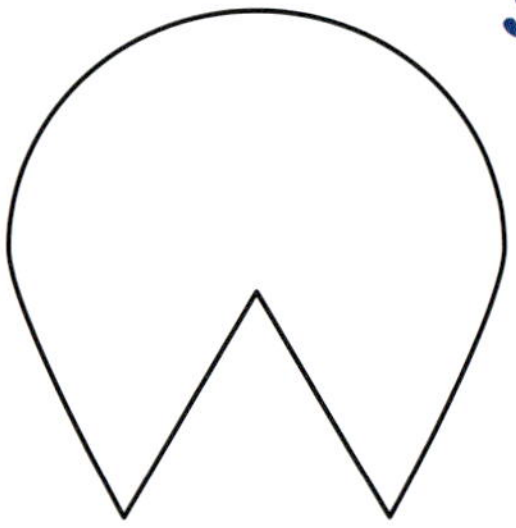

33

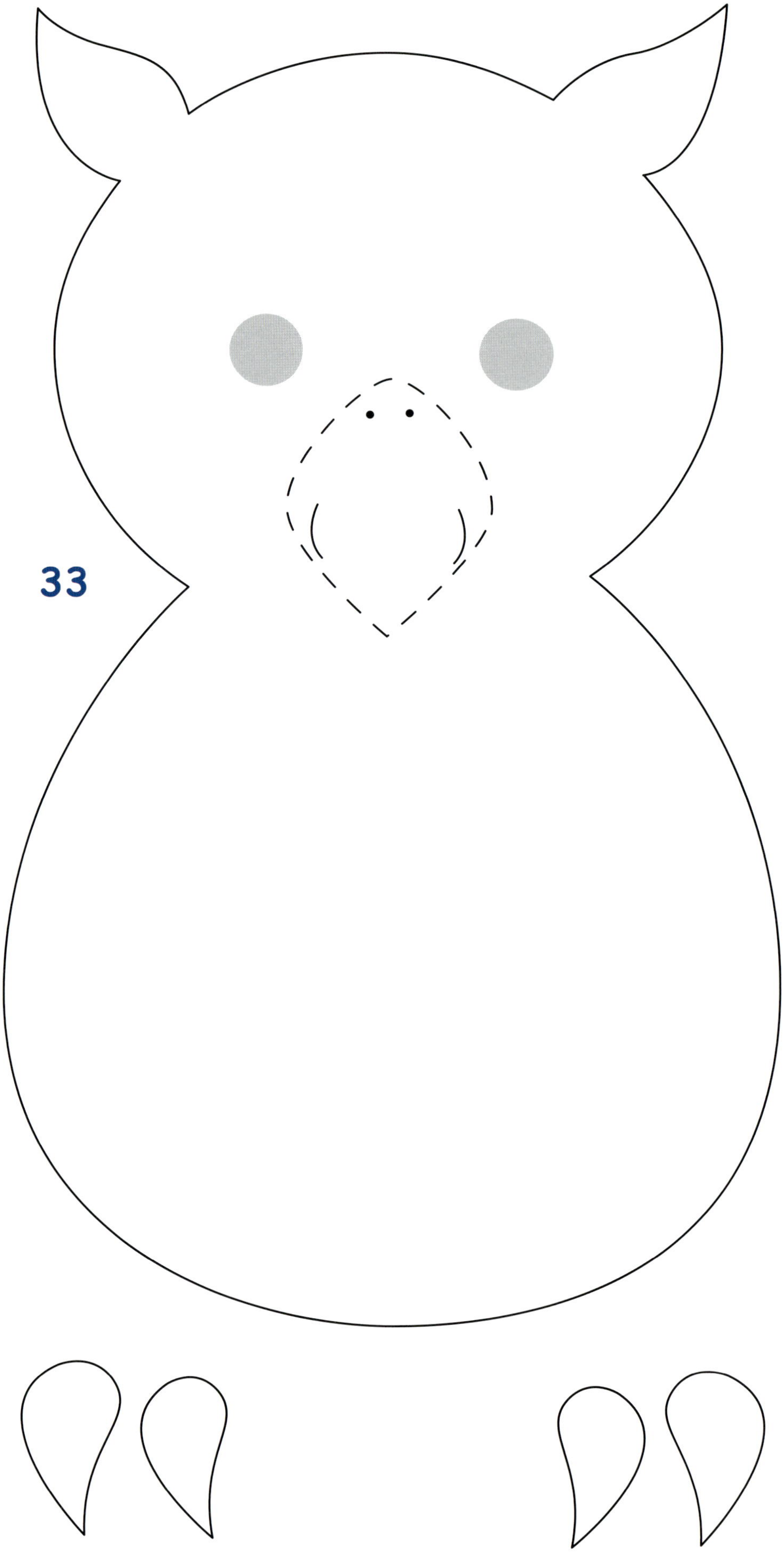

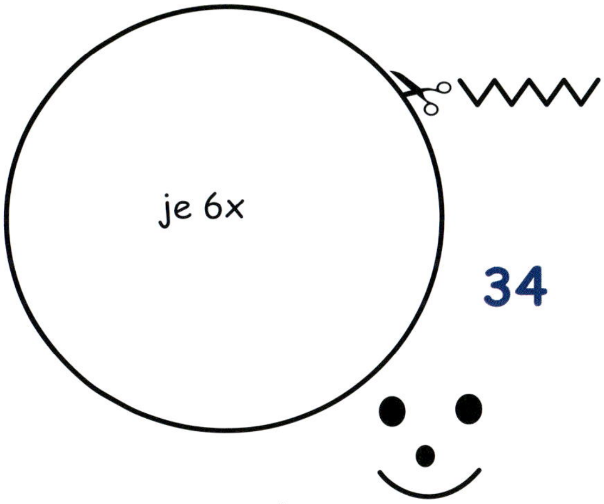

34

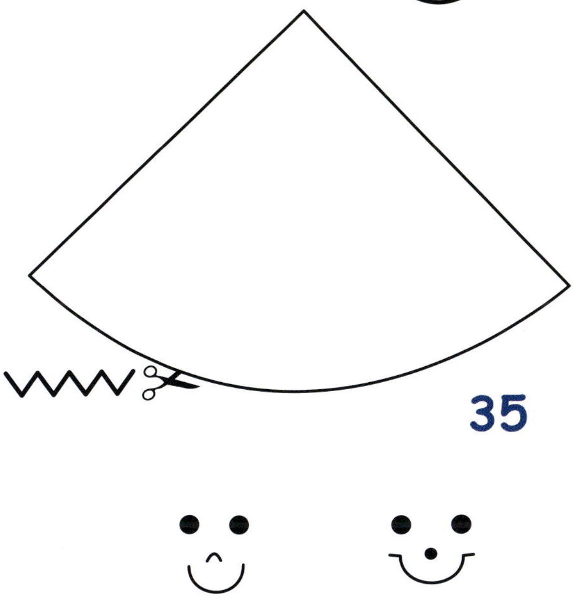

35

36

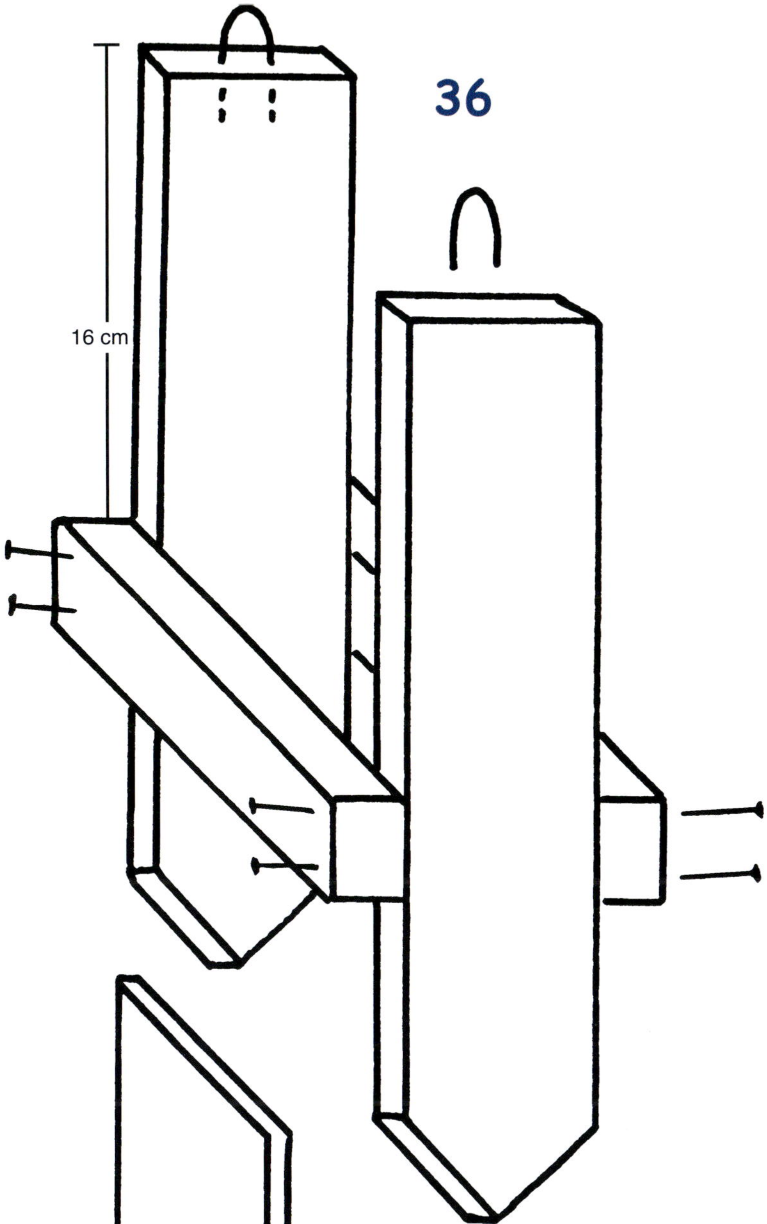

37

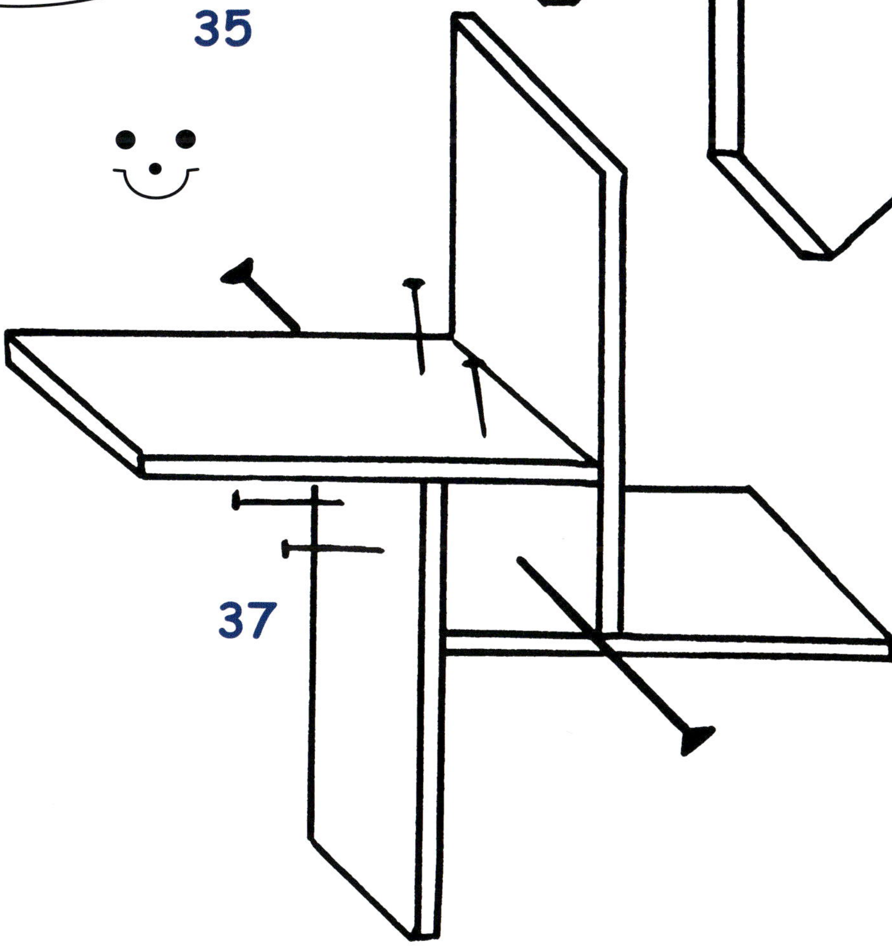

38

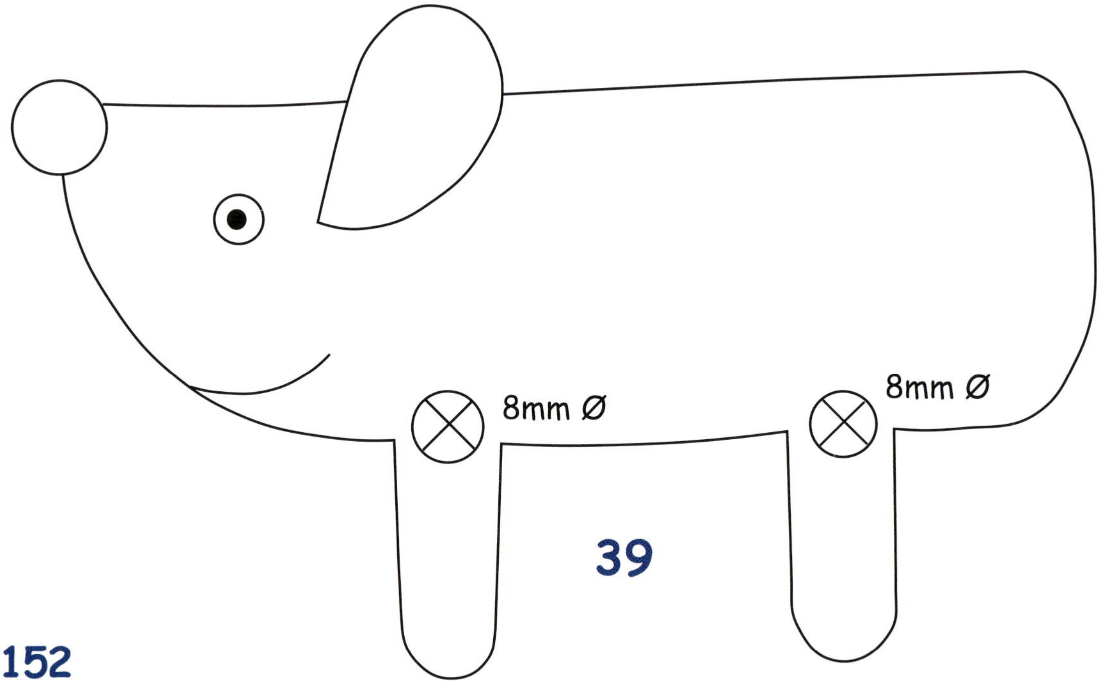

39

„Segelschiff“

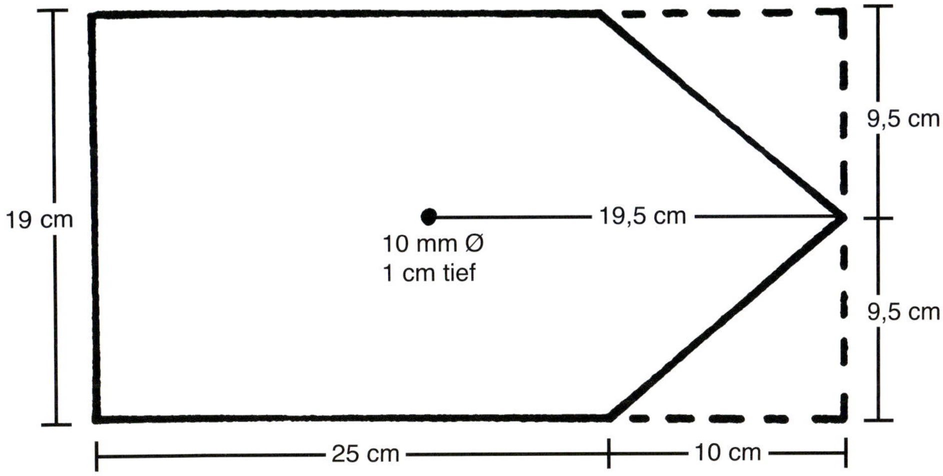

40

„Dampfer“

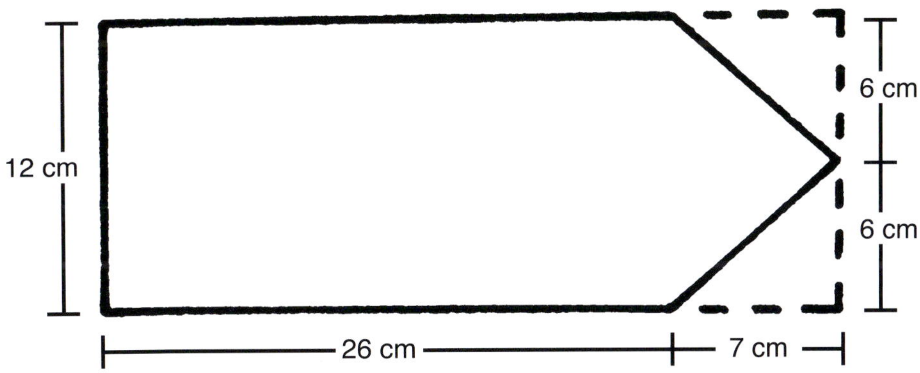

41

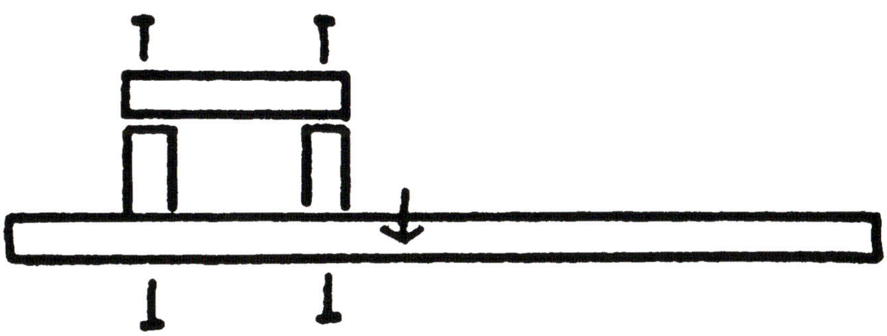

42

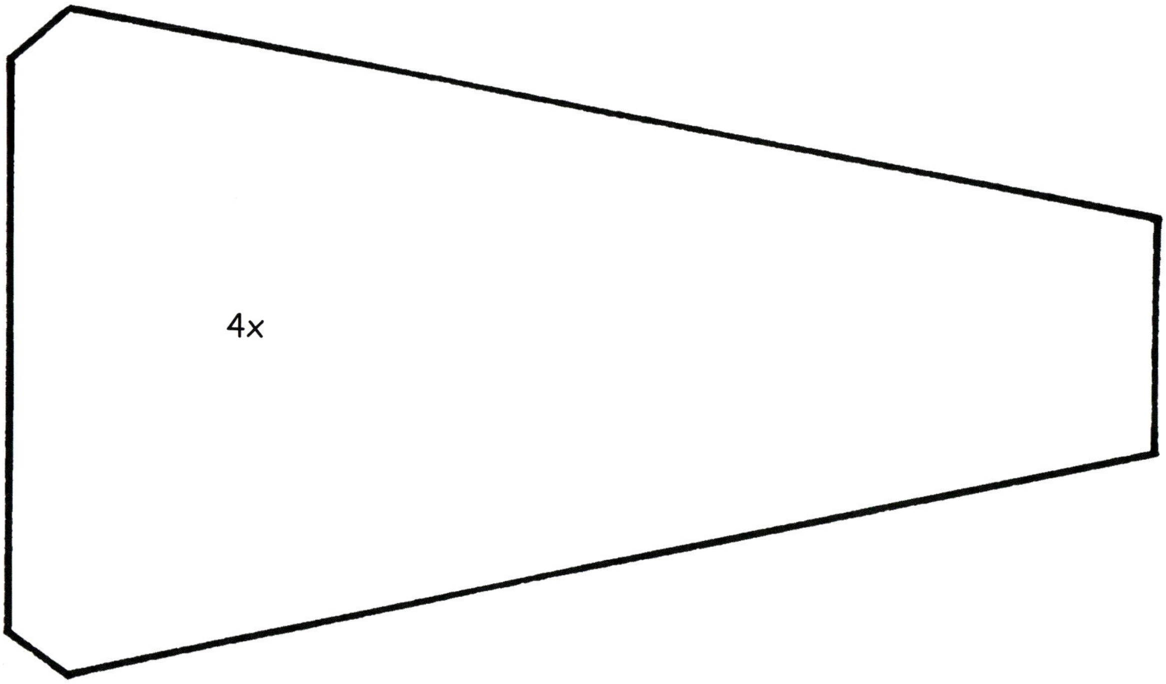
4x

44

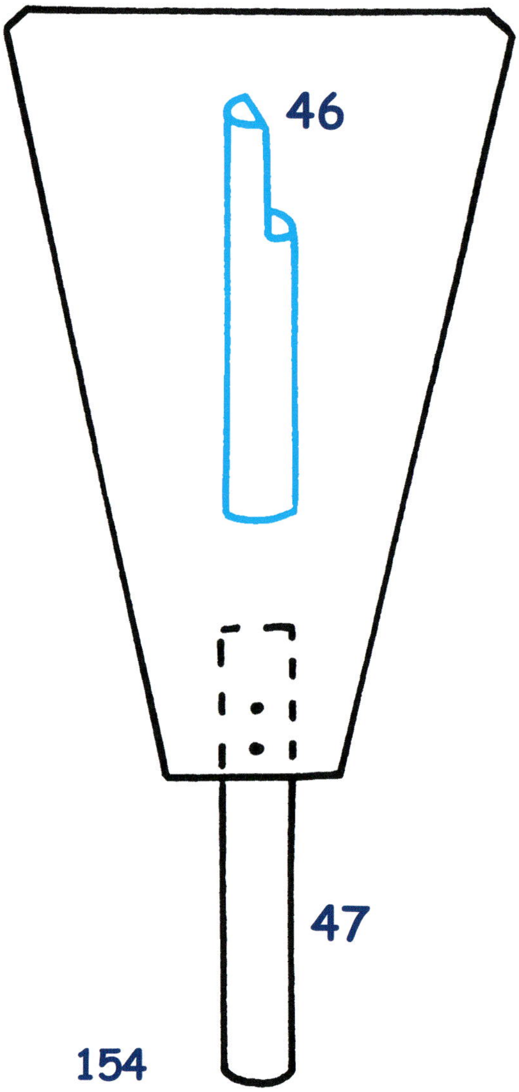
46
47

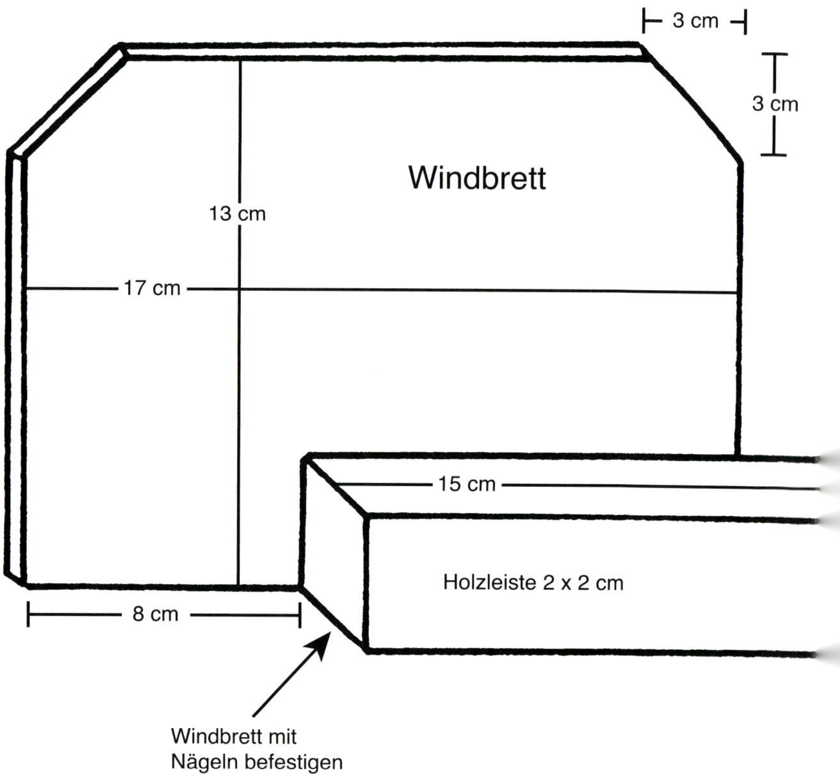
3 cm
3 cm
Windbrett
13 cm
17 cm
15 cm
Holzleiste 2 x 2 cm
8 cm
Windbrett mit
Nägeln befestigen

48

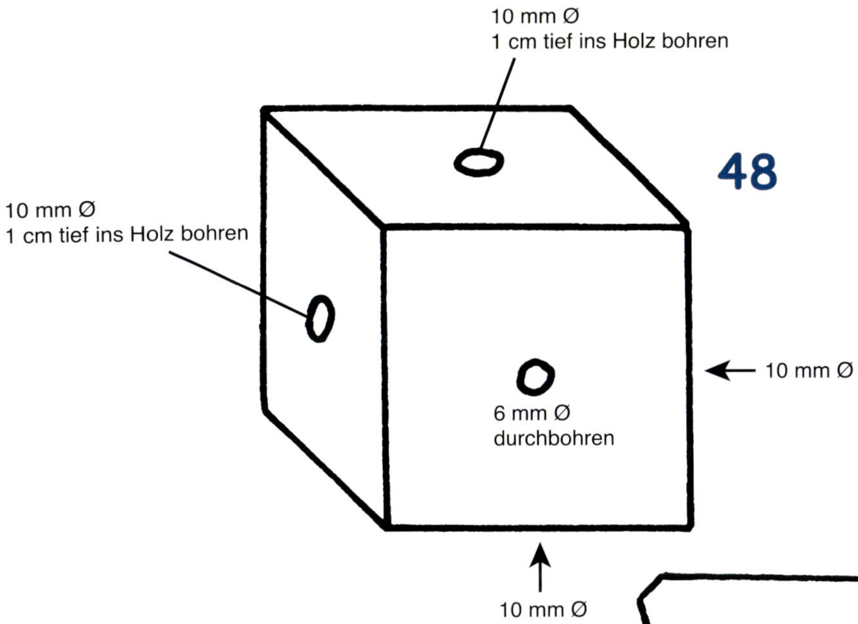
10 mm Ø
1 cm tief ins Holz bohren
10 mm Ø
1 cm tief ins Holz bohren
10 mm Ø
6 mm Ø
durchbohren
10 mm Ø

45

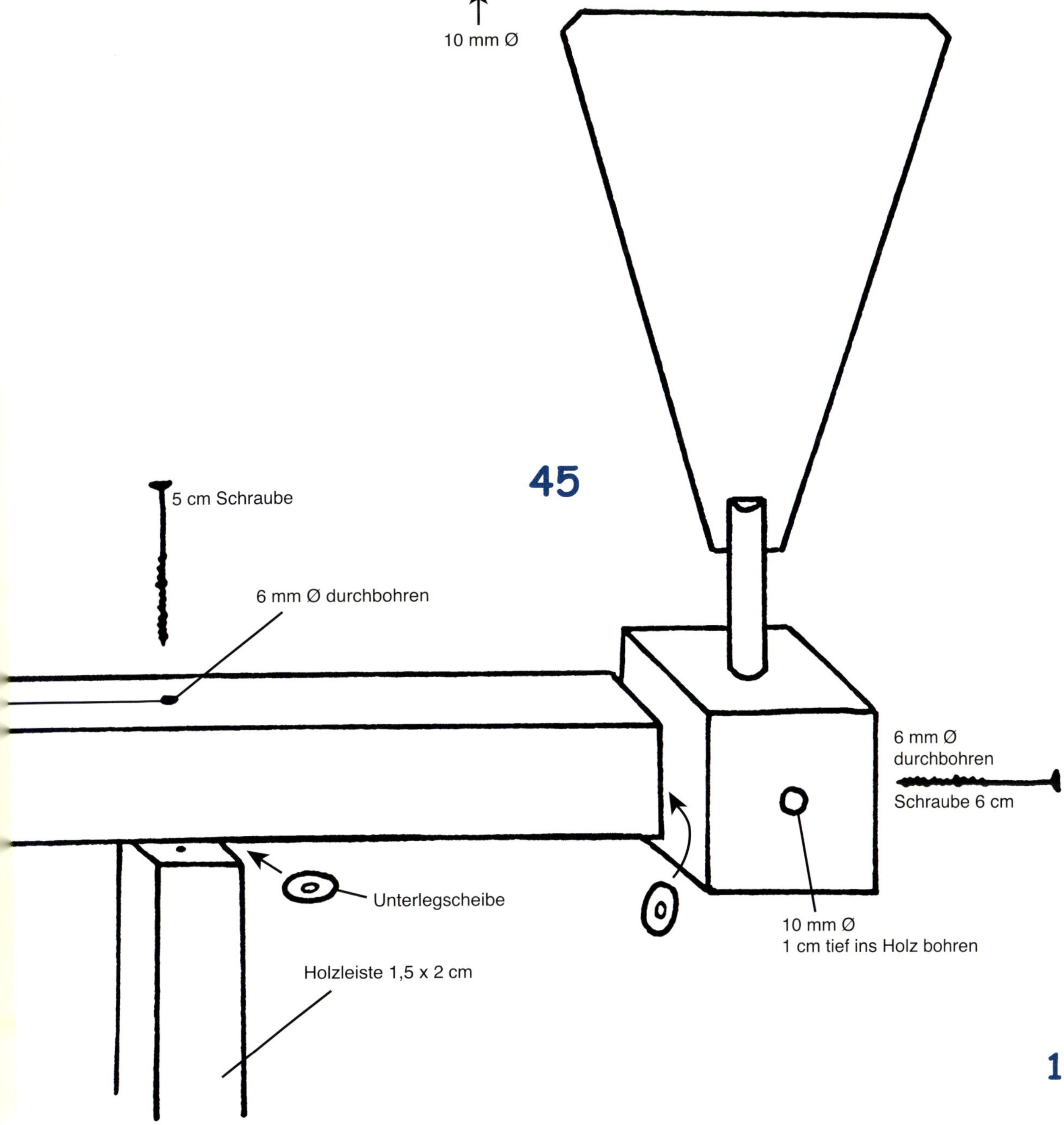
5 cm Schraube
6 mm Ø durchbohren
6 mm Ø
durchbohren
Schraube 6 cm
Unterlegscheibe
10 mm Ø
1 cm tief ins Holz bohren
Holzleiste 1,5 x 2 cm

24

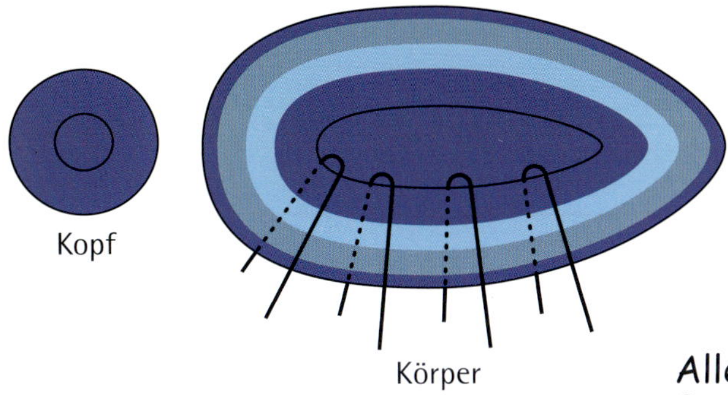

Alle Pappschablonen
2x herstellen

25

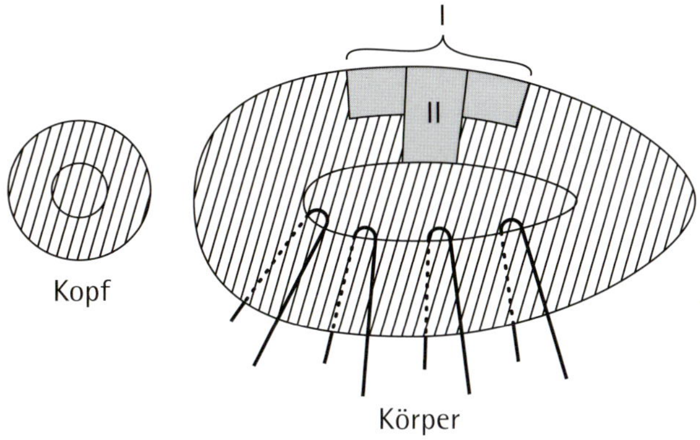

13

11

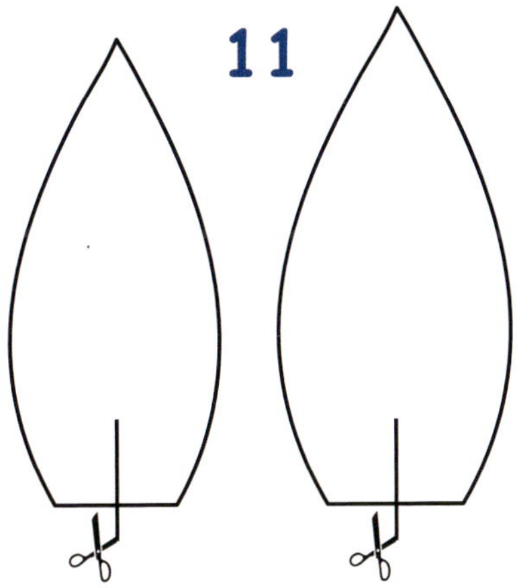

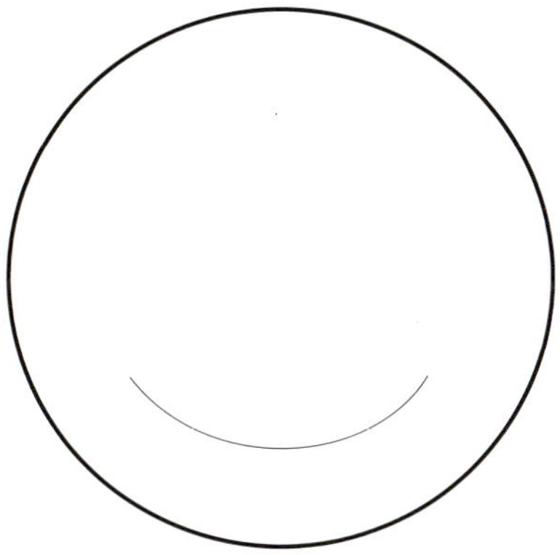

14

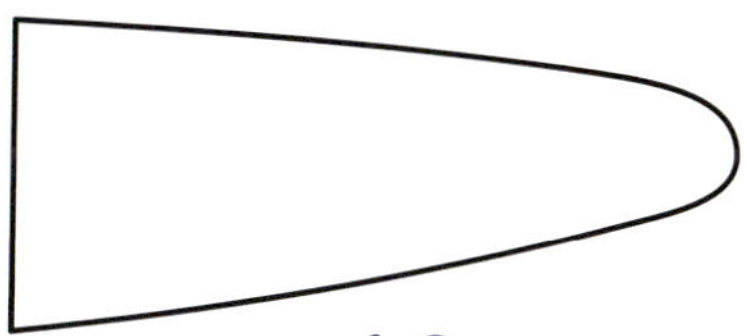

12

Impressum

Autorinnen:
Claudia Andreani, Seiten 42-43
Laura Blücher, Seiten 60-61, 88-89, 124-127
Erika Bock, Seiten 20-21, 28-29, 40-41
Marion Dawidowski, Seiten 80-81, 86-87, 90-91, 98-105, 108-109, 112-113
Uta Donath, Seiten 44-47, 50-51, 76-77, 115-123, 128-133
Ernestine Fittkau, Seiten 14-19, 84-85, 92-95
Henriette Foldenhauer, Seiten 72-73
Janne Graf, Seite 64
Kathja Herrenknecht, Seiten 34-35
Petra Hoffmann & Susanne Vollmer-Gerhard, Seiten 58, 74-75
Daniela Köbler, Seiten 26-27
Ursula Ritter, Seiten 22-25, 96-97
Sybille Rogaczewski-Nogai, Seiten 30-31, 38-39, 52-53, 57
Halyna Salo, Seiten 32-33
Elke Selke, Seiten 66-67
Gundula Steinert & Ursula Mäding, Seiten 68-69
Martha Steinmeyer, Seiten 12-13, 62-63
Sabine Uhl-Fischer, Seiten 106-107, 110-111
Jasmin Ürüm, Seiten 70-71
Margot Weiss, Seiten 48-49, 54-55

Fotos & Styling:
Uta Donath, Seiten 115-116, 118-123, 128-129, 132-133
Christoph Düpper, Seiten 130-131
Jürgen Fey & Petra Hoffmann, Seiten 58, 75
Roland Krieg, Seiten 71, 102-105, 109, 113
Artur Müller & Karin Schlag, Seite 65
Inge Ofenstein, Seite 73
Dieter Prell & Henriette Foldenhauer, Seite 59
Christoph Schmotz, Seiten 10, 13-35, 38-41, 49, 53-56, 61-63, 79-81, 85-97, 125
Jutta Schneider, Seite 83
Uwe Schotte, Seite 67
Uli Staiger, Seiten 42-47, 51, 107, 111
Uzwei Fotodesign & Karin Schlag, Seiten 64, 68
Julia von Vietinghoff, Seiten 76-77

Zeichnungen:
Henriette Foldenhauer, Seiten 64, 66
Milada Krautmann, Seite 82

ISBN 978-3-8388-3112-1
Art-Nr. 3112

Redaktion: Gisa Windhüfel, Freiburg
Covergestaltung: Yvonne Rangnitt, Freiburg
Satz: Arnold & Domnick, Leipzig
Reproduktion: Meyle & Müller, Pforzheim
Druck & Verarbeitung: Himmer AG, Augsburg